Survival English

The English Conversation Skills
That Helped Me Get By in Finland

北欧をこじらせた私のサバイバル英会話

週末北欧部 chika

KADOKAWA

私の学習MAP

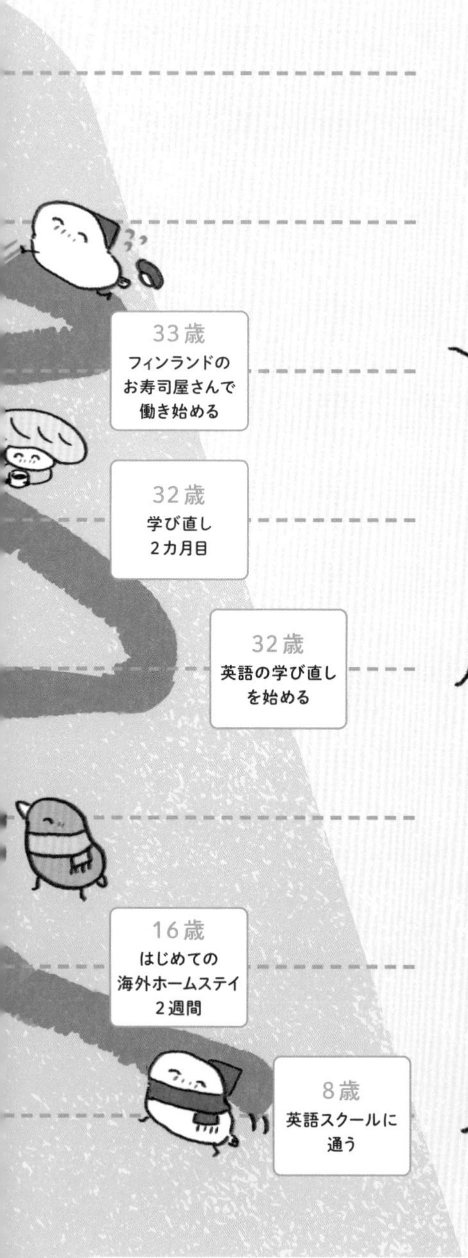
33歳
フィンランドの
お寿司屋さんで
働き始める
32歳
学び直し
2カ月目
32歳
英語の学び直し
を始める
16歳
はじめての
海外ホームステイ
2週間
8歳
英語スクールに
通う

サバイバル術を使いながら、
英語力が足りなくても
こんなことができた！

32歳で学び直しを決意し、
3カ月でレベル4 ➜ 6へ。
こんなことができるようになった。

- 英語で面接を受ける
- フィンランドで仕事をする
- フィンランドで1人暮らし

このレベル期間が
すごく長かった…!!
だけど、こんなことができた。

- 1人で海外旅行をする
- 海外の友達を作る
- 海外クライアントとメールをする

※英語レベル

英語レベルテストによるアカデミックな英語力が「やりたいこと」に対して足りていなくても…「何もできない」と諦める必要はない！

レベル	内容			
8	職場で外国人の同僚とコミュニケーションが取れる			
7	字幕なしでもテレビや映画が分かる			
6	日常会話を問題なく楽しめる	32歳 学び直し3カ月目。英語で模擬面接をする	33歳 フィンランドのお寿司屋さんの面接に合格	33歳 フィンランド移住
5	旅行中に問題なくコミュニケーションが取れる			
4	簡単な日常会話を楽しめる	20歳 はじめてのフィンランド1人旅	21歳 北欧の音楽会社に入社	25歳 人材会社に転職。寿司職人の夢を持つ
3	日常の気持ちが説明でき、買い物に対応できる	19歳 海外チャットで友達を作る	18歳 国際的な大学に入学	
2	身近なものについて質問のやりとりができる			
1	アルファベットや挨拶表現が使える			

※「DMM英会話のレベル設定」 https://eikaiwa.dmm.com/app/materials/levelsを参考に作成

ここはフィンランド
ヘルシンキにある
レストラン。
moi!
moi!
※moi＝フィンランド語で「こんにちは」
My name is Chika.
（私の名前はチカです）
I’m a sushi chef from Japan.
（日本から来た寿司シェフです）
留学経験もないまま
フィンランドに
単身移住した私は
Welcome to Omakase!
（ウェルカム　トゥ　オマカセ）
レストラン唯一の
日本人シェフとして
英語で働き始めた。

そう言うと、人には「じゃあ英語はペラペラなんだね！」と言われるけれど…
Hey Chika!
実はまだ、英語は中級レベルだ。
マグロってどれくらい大きいんですか?
キラ
茶わんむしの作り方も知りたい!
あわわわわ え〜っと
キラ
中トロってどの部分ですか?
それでも何とかなっているのは…
グッドクエッション！
とりあえずリアクションを返す
Please wait…
(待って下さいね…)
時間を頂き…
ガサゴソ

「何とかする」サバイバル英会話のおかげだ。
This size!!
(これくらい!!)
写真を見せる
オオ〜!!!
私が英語を学び直したのは32歳になってから。
And...medium fatty tuna is here...
(中トロはここです)
ゆびさしッ
ワーオ!!
使う文法やボキャブラリーはとてもシンプルだけど
英語力が足りないからといって、何もできない訳じゃないし、それを理由に全てを諦める必要はない。
お客さんが茶わんむし
おいしいって言ってたよ!
本当!?
茶わんむし担当の
フィンランド人の同僚
「今の自分のまま」でも始められるコミュニケーションがあるし、補う方法もある。

はじめに

この本には、そんな私を支えてくれたサバイバル術たちが全て詰まっている。
ずしッ
英語初級時代からの出来事や、フィンランド移住後の英会話まで…
……。
サバイバル英会話の旅を楽しんで頂けると嬉しいです。
Have a nice trip!
（よい旅を！）

本書について

やりたいことに対して、常に英語力が追いついていなかった。けれど、それでも何とかなってきた。
「その英語力で、どうやって…！？」 その答えが、この本の中に全て詰まっている。
「足りない英語力」でも、話し続ける中で生まれた数々のサバイバル英会話…！

- **「本当に必要な」英語を最短で学ぶ**
- **「言葉」以外のコミュニケーションを使う**
- **「話しやすい環境」を自分で整える**
- **「事前準備」で乗り切る**
- **「最新技術」にも頼る**

など、私の英語生活を支えてくれた全ての工夫を、本書に詰め込みました。
語学学習にまつわるチャレンジや気付きをコミックエッセイとして綴りながら、以下のように実践に役立つコラムも盛り込んでいます。

- **「勉強しない理由」を知るためのフレームワーク**
- **会話が生まれる「英語質問リスト」**
- **英語学習で使った「溺愛アプリ」たち**
- **これさえ覚えれば！ 厳選「英語フレーズ集」**
- **沈黙が怖くなくなる「心のお守りアイテム」たち**

などなど、実践に役立つコラムが、みっちり**28コラム！**

コミックだけ一気読みするもよし、コラムを役立てるもよし、気分に合わせてお楽しみ下さい。
本書が、英語を話す誰かにとって、ふわっと肩の力が抜けるお守りのような存在になりますように。

本書では、英語のセリフ以外でも、実際に英語で話している時は、フォントを変えています。

日本語会話の時のフォント

英語会話の時のフォント

本書で紹介しているフレーズや、サバイバル術でこういった内容を英語で話すことができるのだという、参考になれば幸いです。

目次

Part 2 おしごと英語

Part 3 暮らしの英語

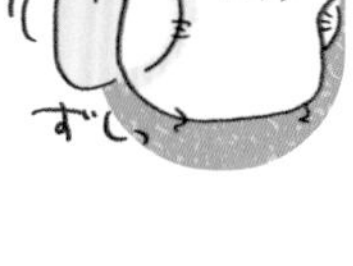

STAFF
カバーデザイン　菊池 祐
本文デザイン　山崎 綾子（dig）
DTP　山口 良二
校正　鷗来堂
英文校正　Brooke Lathram-Abe

今度こそ、絶対に話せるようになりたいんです。やりたいことのために、英語が必要だから…！

Part 1

やり直し英語

Relearning English

◆夢と英語

夢を探す過程の中でいつか北欧カフェを開きたいと思いカフェ修業をはじめたら
もっと速く!!
はいっ!!
想像以上に大変な仕事であることを学んだ。
どうせ苦労するなら、思いっきり好きな場所で苦労しよう！と思い立ち
そうだ…フィンランドでやってみよう!!
ジーニアス！
!?
というまさかの発想の大転換！
でも文系キャリアで英語もフィンランド語も満足にできない私には就労ビザの壁は高い。
フィンランドの求人サイト
ゼロ
私に合う求人が1つもない…！

言語ができなくても…日本人であることそのものが生きる仕事があれば…
カタタタッ
そんな良い仕事あるかな…？
と思っていたら
あった!!
日本人歓迎
SUSHI CHEF
語学よりもスキル面を重視します
そこで、まさかの寿司シェフになるという道を見出した。
当時、フィンランドの求人サイトには寿司シェフ求人がいくつかあり、
お寿司は作る人によって個性も出るし…世界中どこでも働けて…年齢を重ねることが価値になる…！
自分のキャリア観にも合っていると感じた。

こうして、会社員を続けながら週末は寿司学校に通ってお寿司作りを学び…
先生
会社にも兼業申請を提出して、実際にお寿司屋さんでの修業も始めた。
大将
大将みたいに速く美しく握れるようになりたいです…
むずかしい…
チャッチャと握る人もいれば優しそうに握る人もいる
自分らしい握り方を見つければいいんだよ
時間をかけて少しずつお寿司の魅力を知り決意が固まっていった。
チャ
チャ

私にしか作れない…
私らしいお寿司…
「誰がやっても同じ」ではなく「私ならでは」の仕事ができるようになりたいと思った。
愛してやまないフィンランドで寿司シェフになって…
フィンランドらしいお寿司が作れる職人になりたい…！
いつしか私には、そんな具体的な夢ができた。
そうなると…日本人オーナーさんのお店でTHE和食を作るんじゃなくて
フィンランド人オーナーさんのお店でフィンランドのシェフと一緒に働ける職場が合っているよね…
退勤ッ

じゃあやっぱり…英語必要じゃん!
わななッ
※日本人オーナーさんのお店だと英語が話せなくてもOKの求人もあるのだ。
語学力がないからスキルでカバーできる寿司シェフを目指したけど…
1225
本当にやりたいことを考えたら、英語が必要になるとは…
こうして私は、お寿司修業と並行して英語の学び直しにも取り組むことになった。
よし…!!
がんばるぞ!!

Column

私の夢と英語

「私の夢のためには、英語が必要だ」

私が本当の意味でそれを理解できたのは、この時がはじめてだったかもしれない。

フィンランドの公用語はフィンランド語とスウェーデン語だけど、フィンランド国民の70％が英語を話すことができる。首都ヘルシンキではさらに英語話者が多く、英語だけで何十年も生活をしている移住者も多い。

度々訪れるフィンランドで翻訳機や身振り手振りで何とか過ごせたこともあり、最初は「今のままでも、何とかなるだろう！」と楽観的に考えていた。

私にとって「がんばって座学をしたり、必死に暗記しない」程度の英語との〝触れ合い〟は楽しいものだった。友達と翻訳機を使いながらコミュニケーションを取ったり、覚えたい洋楽を何度も聴いたり……適度な距離感を保ちつつ〝楽しいからやる〟という前向きな英語との触れ合いは純粋に楽しい。

けれど、英語の〝勉強〟となると話は全く別だ。「楽しい触れ合い」と「勉強」との間には、とてつもなく大きな川が流れている。勉強は苦しく、楽しくない。そう思い続けていた私は「適度な距離感」を保つため、できる限り英語の勉強から逃げてきた。

しかし、ついに「どんなに苦手でも、やるべき時が来た」と向き合うことに決めたのは、私自身の「夢への解像度」が上がったからだと思う。

Column

〝何歳になっても、世界中どこにいても、
自分らしさを活かして、誰かの役に立ちたい。〟

これは夢への道のりで見つけた、私の大事なキャリア観。ただフィンランドに住めれば良いのではなく、住む場所が変わっても、自分らしさを無くさずに人生の物語を紡ぎ続けたい。そんな切実な気持ちが、英語に向き合う決心につながった。

◆勉強アレルギー

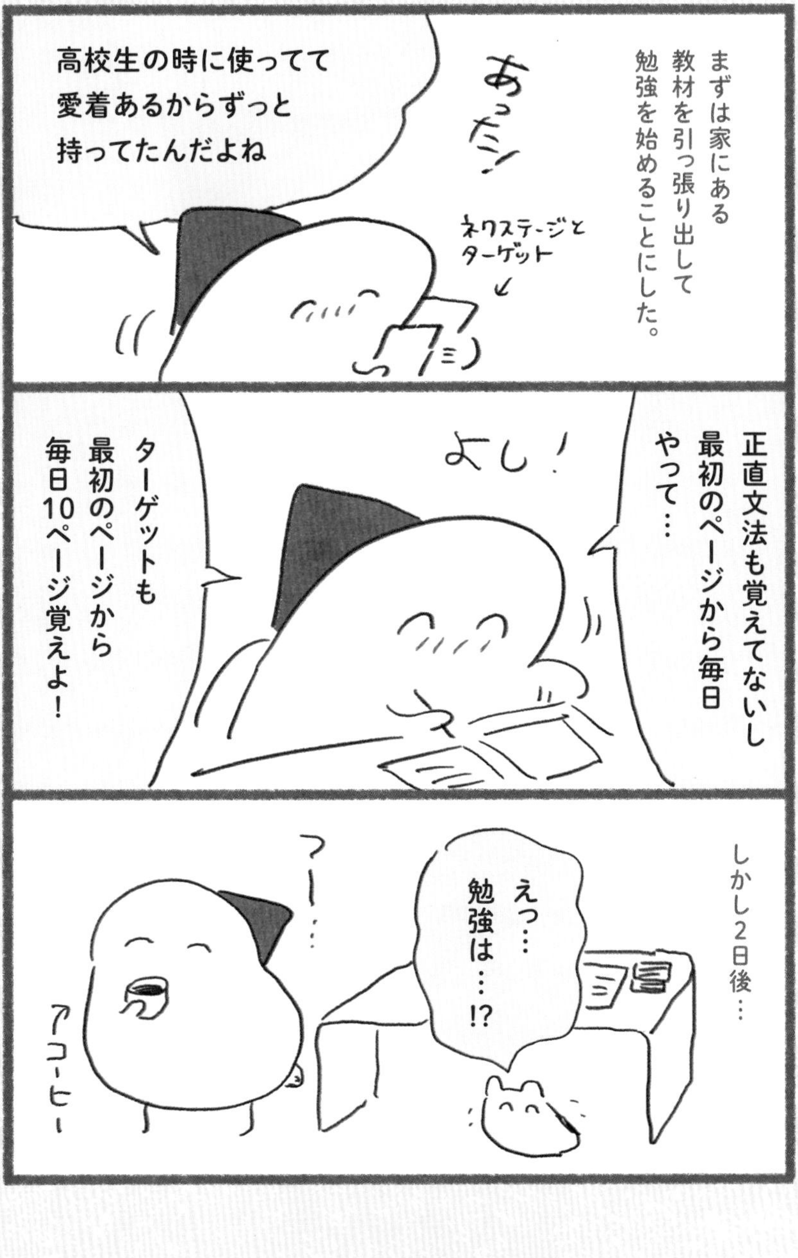
まずは家にある
教材を引っ張り出して
勉強を始めることにした。
あった〜!
ネクステージと
ターゲット
高校生の時に使ってて
愛着あるからずっと
持ってたんだよね
正直文法も覚えてないし
最初のページから毎日
やって…
よし!
ターゲットも
最初のページから
毎日10ページ覚えよ!
しかし2日後…
えっ…
勉強は…!?
フー…
↑コーヒー

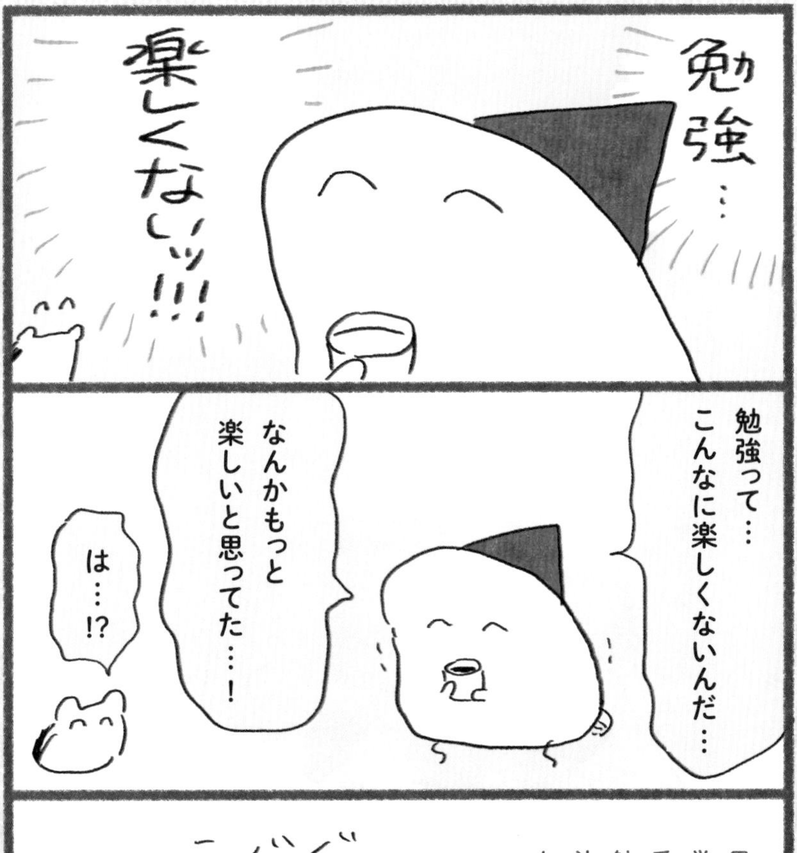
勉強…
楽しくないッ!!!
勉強って…こんなに楽しくないんだ…
なんかもっと楽しいと思ってた…!
は…!?
思い返せば、私の場合は学生時代もテストや受験のために無理矢理勉強していただけで、決して楽しいものではなかった。
うぐぐ…
そしてテストの翌週には忘れてる

学生当時から私にとっての勉強とは…
これ… 私の人生で使うことある…!?
英単語も数式も…!
という疑問を持ちながらテストのために「仕方なく」覚えるものだった。
そして今回も当時と同じ教材、同じ方法で〝勉強〟を始めたので
もはや苦痛
死ぬほど楽しくない…!! 大人になったからって魔法はないんだ…!!
なぜ今なら楽しくなると思ったんだ…?
楽しくないのは当然の結果なのだった。
勉強アレルギー発動
ぞわっ
やっぱ無理!!!

しかも大人なので
テストもなければ
叱ってくれる人もいない。
ちょっと…
スーパーに
行こう…
そそくさ
大人になってから
久しぶりに「勉強」した
から忘れてたけど…
私…勉強ほんと
嫌いだったな…
…学生時代には…
絶ッ対戻りたくない!!
テスト勉強する
学生さんはすごい!!
大人最高!!
今が人生で一番楽しい!!
大人って素晴らしい!!
こうして私の座学英語勉強
チャレンジは2日で幕を閉じた。

そして忘れた頃に、また教材を引っ張り出し、1コマ目からリピートする…

◆本当の理由

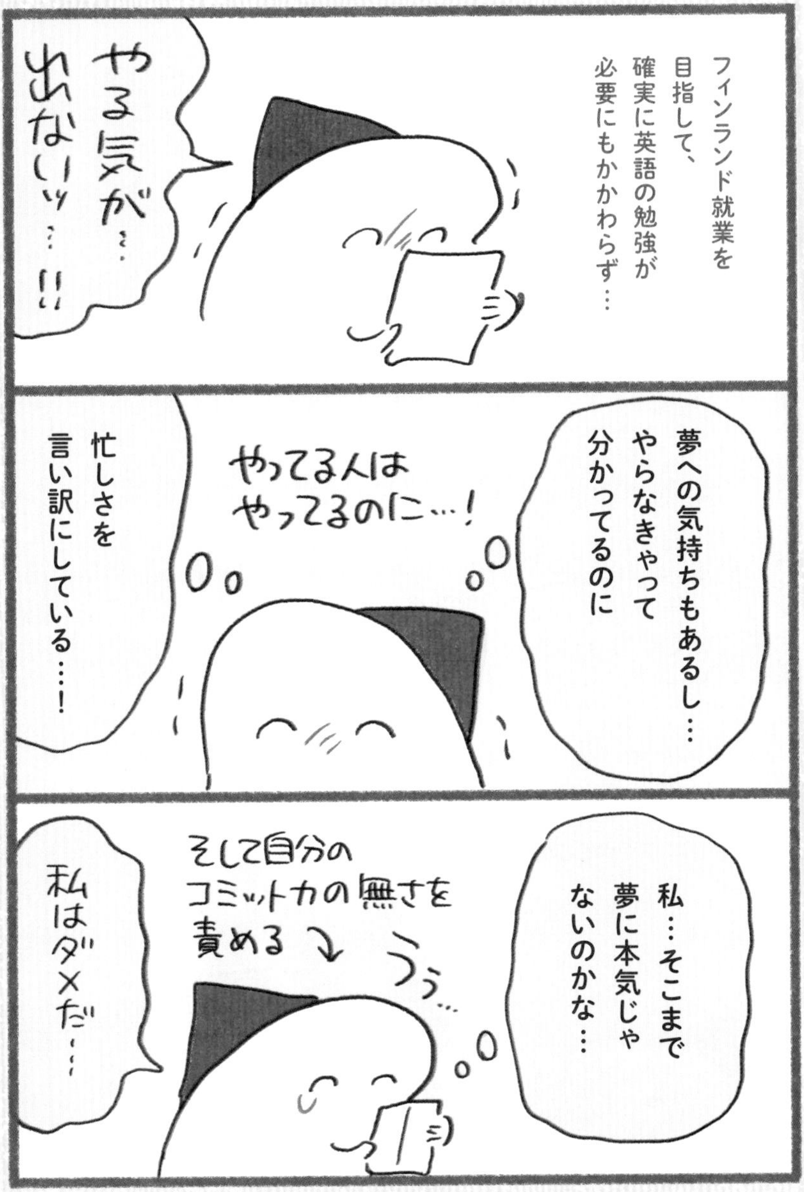
フィンランド就業を目指して、確実に英語の勉強が必要にもかかわらず…
やる気が…出ないッ…!!
夢への気持ちもあるし…やらなきゃって分かってるのに
やってる人はやってるのに…!
忙しさを言い訳にしている…!
私…そこまで夢に本気じゃないのかな…
そして自分のコミット力の無さを責める
うぅ…
私はダメだ…

けれどある日…
自分が英語を勉強しない
「本当の理由」について
考えてみた。
私の“表の目標”は
フィンランド就業に向けて
英語を話せるように
なること…
なのに実際の行動は
勉強することから全力で逃げている…
忙しいし…
行ったらなんとか
なるかもしれないし
でもその行動には“裏の目標”があった。
＼①無駄な勉強をしたくない／
emancipate※…？
コレお寿司屋さんで
使うの…？
ターゲット
※「解放する」という意味。

②人にガッカリされたくない
アッ…アイアム…
?
パードン?
そんな2つの〝裏の目標〟が、私の表の目標を阻害していて…
その根底には…
きっと人は、私が赤ちゃん
みたいな英語を話したら
私を見て幻滅するだろう…
という、潜在的な
不安が隠れていた。
そんな「本当の理由」が分かったことで…
①無駄な勉強をしたくない
→じゃあ話したいシーンで使うものだけを
覚えていこう!
お寿司屋さんでの会話と、友達との
会話が目的だから…YouTubeの
お寿司動画と友達とのチャットから
単語リストを作ろう

＼②人にガッカリされたくない／
→失敗なくして成功はない！恥ずかしいならば、
親密な人達相手に練習せず、新しい人と話し始めよう
今まで日本語メインで会話してた外国人の友達に対して、急に英語を話すハードルって高い…！
アー…ア…Today…
?
チャットサイトで「英語初心者だけど勉強したい」と自己紹介を書いて、新しく語学交換友達を作り直した
Nice to meet you!
こうして「やる気がない」で終わらせずに深掘りすることで、本当の理由を解決する方法を考えることができた。
これが私にとって真の解決策だったんだっ
勉強が〝ラク〟になってきた！

Column

参考にした考え方は、この本から！

※

必要だと分かっていても、85％の人が行動すら起こさない。「なぜ我々は変わることができないのか？ それは“免疫システム”が働いているからだ。そのシステムを理解せずして、変革はあり得ない」と説いた本。

本当の問題をあぶり出す「免疫マップ」

改善目標	阻害行動	裏の目標	強力な固定観念
英語が話せるようになりたい	英語を勉強する時間を作らない	ガッカリされて嫌われたくない	下手な英語を話す私を見たら、人はガッカリするはずだ…

↑ 裏の目標とジレンマの関係になっている

この目標があるからこの行動を取るという必然性がある

不安から自分を守るための目標になっている

ちなみにこんなのもあった！

お酒飲みすぎたくない	お酒飲んじゃう	つまらない奴と思われたくない	シラフの自分は面白くないと思われるはず…

変われないのは、コミット力がない訳でもやる気がない訳でもない！

※『なぜ人と組織は変われないのか』（英治出版）を参考に作成

◆語学交換パートナー

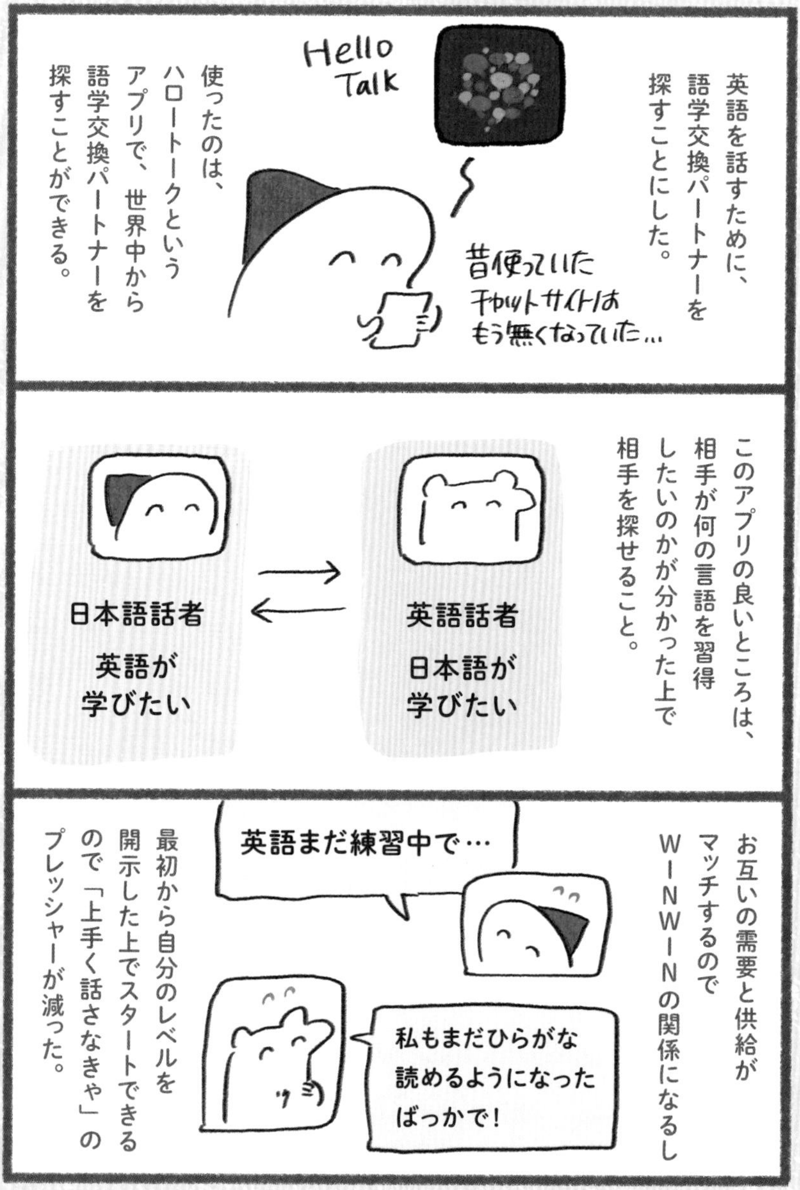

英語を話すために、語学交換パートナーを探すことにした。
Hello Talk
昔使っていたチャットサイトはもう無くなっていた…
使ったのは、ハロートークというアプリで、世界中から語学交換パートナーを探すことができる。
このアプリの良いところは、相手が何の言語を習得したいのかが分かった上で相手を探せること。
英語話者
日本語が学びたい
日本語話者
英語が学びたい
お互いの需要と供給がマッチするのでWINWINの関係になるし
英語まだ練習中で…
私もまだひらがな読めるようになったばっかで！
最初から自分のレベルを開示した上でスタートできるので「上手く話さなきゃ」のプレッシャーが減った。

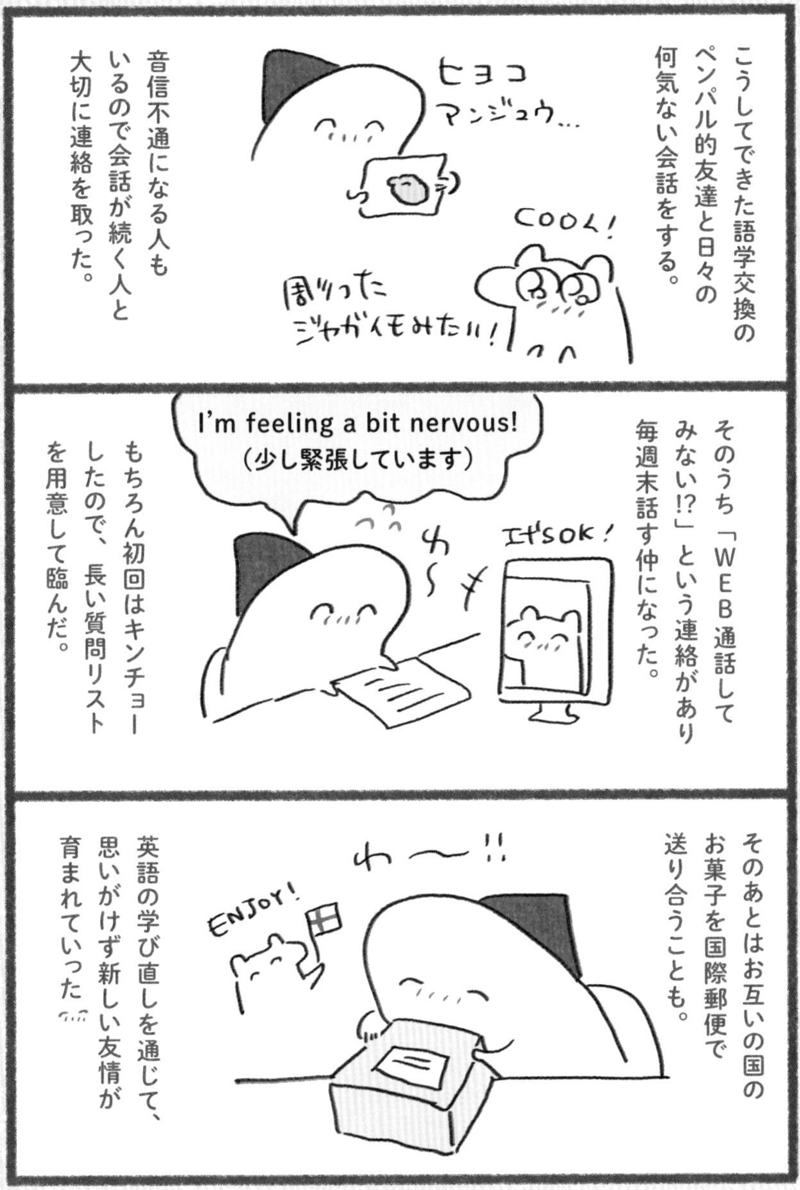
こうしてできた語学交換のペンパル的友達と日々の何気ない会話をする。
ヒヨコマンジュウ…
COOL!
削ったジャガイモみたい!!
音信不通になる人もいるので会話が続く人と大切に連絡を取った。
そのうち「WEB通話してみない!?」という連絡があり毎週末話す仲になった。
I’m feeling a bit nervous!
（少し緊張しています）
わ〜
It'sOK!
もちろん初回はキンチョーしたので、長い質問リストを用意して臨んだ。
そのあとはお互いの国のお菓子を国際郵便で送り合うことも。
わ〜!!
ENJOY!
英語の学び直しを通じて、思いがけず新しい友情が育まれていった。

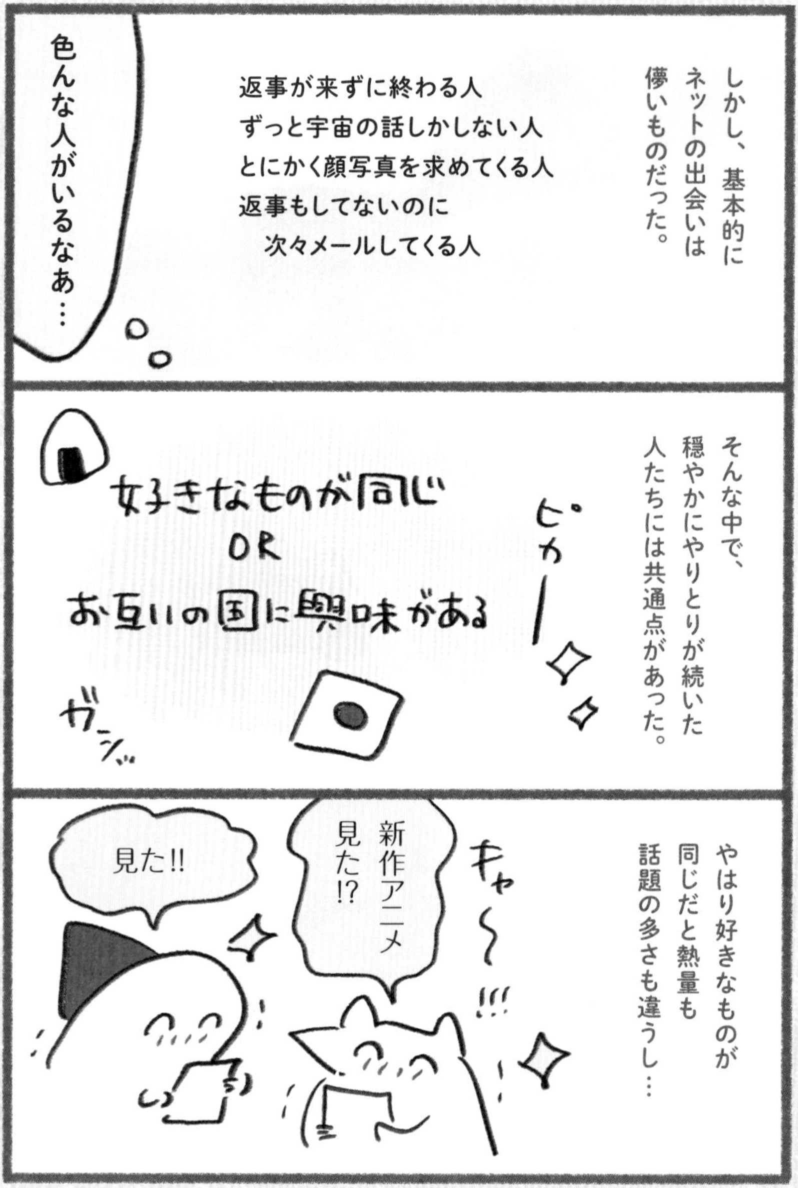
しかし、基本的に
ネットの出会いは
儚いものだった。
返事が来ずに終わる人
ずっと宇宙の話しかしない人
とにかく顔写真を求めてくる人
返事もしてないのに
次々メールしてくる人
色んな人がいるなあ…
そんな中で、
穏やかにやりとりが続いた
人たちには共通点があった。
ピカー
好きなものが同じ
OR
お互いの国に興味がある
ガーン
やはり好きなものが
同じだと熱量も
話題の多さも違うし…
キャ〜!!!
新作アニメ
見た!?
見た!!

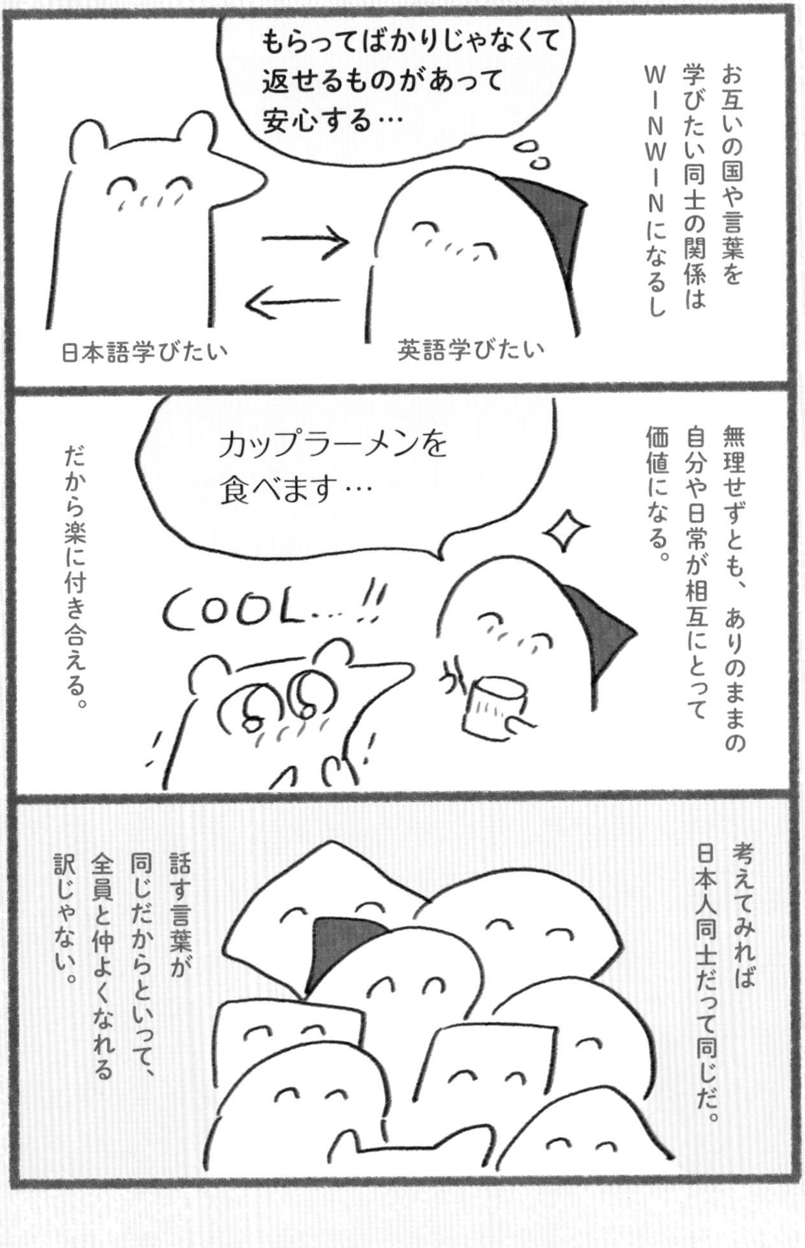
お互いの国や言葉を学びたい同士の関係はWINWINになるし
もらってばかりじゃなくて返せるものがあって安心する…
英語学びたい
日本語学びたい
無理せずとも、ありのままの自分や日常が相互にとって価値になる。
カップラーメンを食べます…
COOL…!!
だから楽に付き合える。
考えてみれば日本人同士だって同じだ。
話す言葉が同じだからといって、全員と仲よくなれる訳じゃない。

限定的な出会いや機会で
失敗したり傷つくことも
あったけれど…
ひ〜〜
わ…私の英語力の
せいかな…
それは語学力の問題ではなく、
単に人と人との相性による
ものかもしれない。
…
…
会話が…
思い浮か
ばないっ…！
そんな視点に気付いてからは、
1つの出会いや失敗に
固執しすぎずに
前の人とは合わなかったけど、
この人とは話が楽にできるっ…!!
私の「海外友達作り」は
もっと楽なものになった。

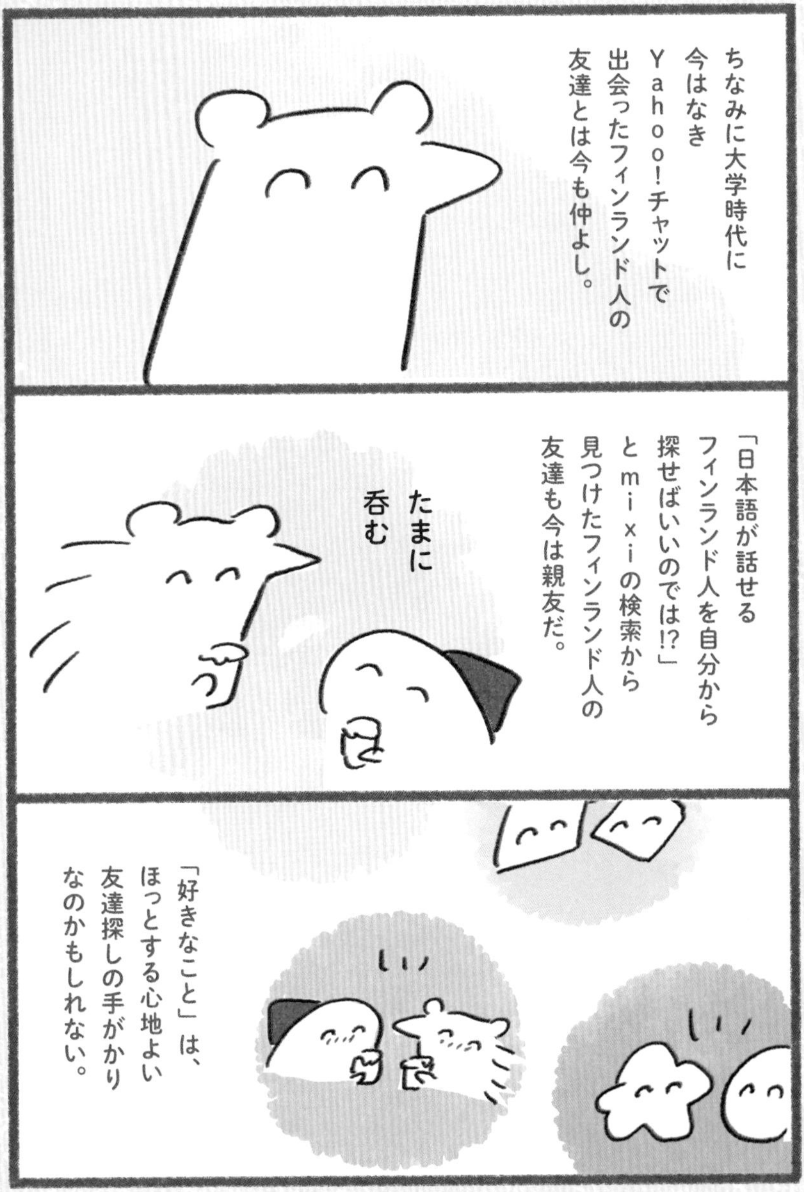
ちなみに大学時代に
今はなき
Yahoo!チャットで
出会ったフィンランド人の
友達とは今も仲よし。
「日本語が話せる
フィンランド人を自分から
探せばいいのでは!?」
とmixiの検索から
見つけたフィンランド人の
友達も今は親友だ。
たまに
呑む
「好きなこと」は、
ほっとする心地よい
友達探しの手がかり
なのかもしれない。

◆英語レッスン

フィンランド就業に向けて
具体的な目標ができ、
独学に限界を感じていた
私は英会話レッスンを始めた。
よろしく お願いします!
オンラインのレッスンでは、
日本人女性の先生が
メンターになってくれた。
海外で寿司職人になる
というのが勉強の
目的なんですね
ふむ ふむ
はい、
フィンランドを
目指していますっ
だけど…今までずっと
「通じればいいだろう」
と思って生きてきて…
大人になってから
本気で勉強したことが
なかったんです

だから文法も滅茶苦茶だし発音もカタコトで
パニック
ずっと英語にコンプレックスを感じてきました…！
でも、まず何から始めればいいのか分からないし、
やり始めたとしても全然続かなくて…
だけど…今度こそ、絶対に話せるようになりたいんです
やりたいことのために英語が必要だから…！

なるほど…。寿司職人は語学力を問わない求人も海外にはありますが、どうしても英語が必要なんですか？
はい、たしかにお店によって様々なんですが…
私…本当にフィンランドが大好きで…フィンランド人オーナーさんのお店で働いて、フィンランドならではの料理や文化を学びながら
いつか自分らしいお寿司が作れる職人になりたいんです
そのためには英語が必要不可欠で…今の英語力だと無謀な夢かもしれないんですが…
壮大な…夢です…！

チカさん！
全然無謀じゃないですよ！
目標は具体的であればあるほどいいんです
チカさんにはそれがあります
だから全然無謀じゃないです
絶対に、やればできます！
先生…!!
この時…強く言い切ってくれた先生の言葉がとても嬉しかった。

英語が必要なシーンは具体的にどんな時ですか？
まずは面接と…寿司キッチンでのコミュニケーションですっ！
分かりました。3カ月で、話せるようにしましょう
さ…3カ月!?
私にできますか!?
はい。3カ月後に私と英語で模擬面接をしてみましょう
もぎ…めんせつ…!
ゴクリ
夢が、より具体的になった先生との初回面談だった

Column

愛用している英語学習の文房具たち※

小さくて
使いやすい
修正テープ

クリップで格上げ!

無印良品のパスポートメモ
コンパクトサイズでちょうどいい

英語版ムーミン本

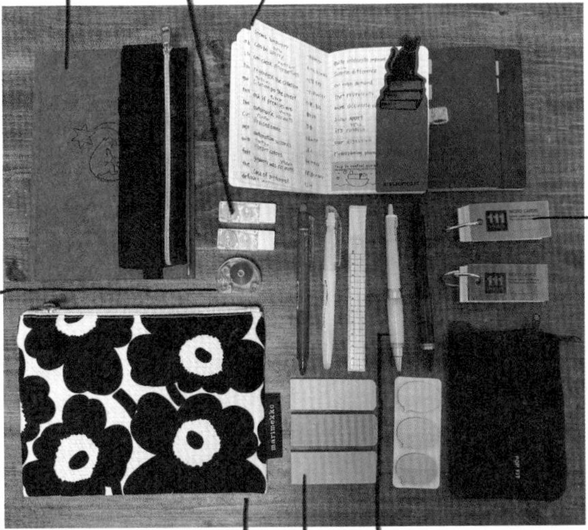

特に覚えたい単語は
単語カードも活用!

暗記用ふせんマーカー
パスポートメモに
ジャストフィットな
赤シートも付いてくる

筆圧が強いので、愛用ペンは
アルファゲルグリップのジェットストリーム

ノート用のふせん

お気に入りのマリメッコ
ポーチに全て収納する!

※写真は全て著者の私物です。

Column

スタートライン ※

DMM英会話ではスピーキングテストで自分のレベルを知ることができた。学び直しを始めた私のスタートラインは「4」で、簡単な日常会話が楽しめるレベルだった。「英語が話せる」と言っても、その中身は様々だ。海外を旅したい、友達を作りたい、大学で学びたい、海外で働きたい……そんな「自分だけの夢」に合わせて「今の自分はどこにいて、どこを目指したいのか」をリストを見ながら考えてみるのも良いかもしれない。

1 Beginner TOEIC® L&R：0-110

アルファベット、数字、挨拶、基本的な表現が使える

読み書きができます。自分の名前が言えて、他の人の名前や国籍を聞くこともできます。簡単な単語を使って基本的な質問に答えられます。身近にある物の名前を言ったり、天気、仕事、日にちについて話すこともできます。

2 Beginner TOEIC® L&R：120-175

身近なものについて質問のやりとりができる

簡単な言い方で何かの位置や場所を説明することができます。挨拶をする、ある知らせにリアクションをする、限られた言葉で飲み物や食べ物を頼む、家族や友達に関する質問に答える、決まった言い方を使って交通機関の切符を買う、などのことも問題なくこなせます。

3 Beginner TOEIC® L&R：180-220

**自分の日常生活や気持ちの説明ができて、
買い物など基本的なシチュエーションにも対応できる**

簡単な言い方で自己紹介をしたり、自分の趣味や興味を伝えることができます。簡単な語彙で他の人の好みを説明することもできます。

4 Intermediate TOEIC® L&R：225-390

簡単な日常会話を楽しめる

簡単な言い回しで食事を注文する、基本的な言い回しで短い会話を始めたり終わらせたりする、など。

5 Intermediate TOEIC® L&R：395-545

旅行中に問題なくコミュニケーションが取れる

海外旅行で基本的なコミュニケーションを取ることができます。電話でホテル、レストラン、交通手段の予約をすることなどが含まれます。

6 Intermediate TOEIC® L&R：550-640

日常会話を問題なく楽しめる

決まった表現を使って未来の計画や意思を説明することができます。身近なトピックに関する簡単な話の言い換えもできます。さらに詳細な指示を出したり、従ったりもできます。

7 Advanced TOEIC® L&R：645-780

字幕なしでもテレビや映画が分かる

字幕がなくてもテレビや映画が分かります。一般的な用語を使って環境問題について話したり、よく知られている社会問題についてある程度詳しく自分の考えを伝えたりすることもできます。

8 Advanced TOEIC® L&R：785-855

職場で外国人の同僚とコミュニケーションが取れる

職場で問題なくコミュニケーションが取れます。お店や郵便局での返品や謝罪など、特殊なシチュエーションに対応できます。因果関係や仮定の状況について話したり、製品や機器の問題を正確に説明することもできます。さらに、色々な物事についてアドバイスをすることができます。

9 Proficient TOEIC® L&R：860-940

色々なボキャブラリーを使ってネイティブとスムーズに会話ができる

多くの単語やイディオムを使って自分の意見を伝えることができます。そのほか、ある問題に対する取り組み方や解決方法の利点、欠点を比べる、自分について話す時にくだけた言い方と改まった言い方を使い分ける、改まった場所での議論ではっきりと自分の意見を主張する、複雑な言葉を使って言動や態度を表現するというようなこともすることができます。

10 Proficient TOEIC® L&R：945-990

外資系企業で学習中の言語を流暢に使える

ネイティブ並みの会話力です。話すスピードが速く、くだけた言葉が使われているディスカッションにも参加することができます。抽象的な物事に関する質問に対して的確に、そして詳しく答えることができるだけでなく、強いニュアンスの発言を穏やかな言葉に言い換えることもできます。意味の微妙な違いを理解し、その場で自然に流暢にそして的確に自分の考えや意見を表現することができます。

ここから北欧でお寿司シェフになるため、
次ページのようなゴールラインを設定した。

※「DMM英会話のレベル設定」 https://eikaiwa.dmm.com/app/materials/levelsを参考に作成

ゴールライン

長期目標（1年後）
海外のレストランで必要な会話や同僚とのコミュニケーションを英語でできる。

中期目標（半年後）
面接に合格できるぐらい、自分の思いや経験やスキルを伝えられる英語力をつける。

このような目標から、まずは3カ月後に模擬面接ができるレベルを目指すため、限りある時間の中でどの学習を優先して行うのかとそのゴールライン、そしてそれぞれの学習方法・教材を先生と相談して決めた。

学習ゴールとその方法

文法力　優先度★★★

ゴール　英文法を一通り理解する

方法　1カ月で文法書を1冊終わらせる。
学んだ文法で英作文をする

教材　『新ゼロからスタート英文法』
瞬間英作文（アプリ）

単語力　優先度★★★

ゴール　面接や仕事で必要になる単語を学ぶ

方法　英会話レッスン、英語の料理本、面接シナリオ作りで学んだ新しい単語を書き出し、声に出して覚える

教材　自作したオリジナルの単語帳
DMM英会話

フレーズ力　優先度★★

ゴール　面接や仕事で必要な簡単なフレーズを自然に話せるようになる

方法　瞬間英作文（アプリ）を使ってフレーズを暗記する

教材　瞬間英作文（アプリ）

発音力　優先度★

ゴール　最低限通じるレベル

方法　アプリでディクテーション。
英会話で相手に伝わるか確認

教材　瞬間英作文（アプリ）、TEDICT
DMM英会話

学び直し3カ月間での変化 ※

レベル4からスタートした学び直しは、結果的に毎月一段階ずつレベルアップし、3カ月目はレベル6になった。レベル6でできることのリストに記載された「未来の計画や意思、目標を伝えられる」という言葉を見て嬉しくなった。それはまさに、面接で伝えなければいけないことだったからだ。

1カ月目
（6月10日）

→レベル4 TOEIC：225-390

簡単な日常会話を楽しめるレベルの詳細

簡単な言い回しで食事を注文する、何が欲しいかを伝えて買い物をする、簡単な語彙で誰かを誘う、基本的な言い回しで短い会話を始めたり終わらせたりする、シンプルなフレーズをいくつか使って旅行の経験について話す、簡単な言葉で人の外見について説明する、など。

2カ月目
（7月1日）

→レベル5 TOEIC：395-545

旅行中に問題なくコミュニケーションが取れるレベルの詳細

海外旅行で基本的なコミュニケーションを取ることができます。電話でホテル、レストラン、交通手段の予約をする、人、場所、経験など日常的なトピックについて詳しく説明する、提案をしたり聞いたりする、習慣や日課を説明する、後悔、驚き、落胆、理解などの気持ちを簡単な言葉で表現するなどが含まれます。

3カ月目
（8月13日）

→レベル6 TOEIC：550-640

日常会話を問題なく楽しめるレベルの詳細

決まった表現を使って未来の計画や意思を説明することができます。身近なトピックに関する簡単な話の言い換えもできます。さらに詳細な指示を出したり、従ったりもできます。信念、意見、賛成、不賛成を丁寧に表現し、現実または想像上の出来事、夢、希望、目標を言い表すこともできます。また、簡単な単語を使って映画、本、劇について話すことができます。

ちなみに次の「レベル7」でできることは次の通りだ。

→レベル7 TOEIC：645-780

字幕なしでもテレビや映画が分かるレベルの詳細

字幕がなくてもテレビや映画が分かります。一般的な用語を使って環境問題について話したり、よく知られている社会問題についてある程度詳しく自分の考えを伝えたりすることもできます。知っている話を自分の言葉で言い換えることもできます。苦情を言うことができて、他の人の意見も伝えられます。また、完璧ではなくても自分の基本的な症状を医師に説明することができます。

※「DMM英会話のレベル設定」 https://eikaiwa.dmm.com/app/materials/levelsを参考に作成

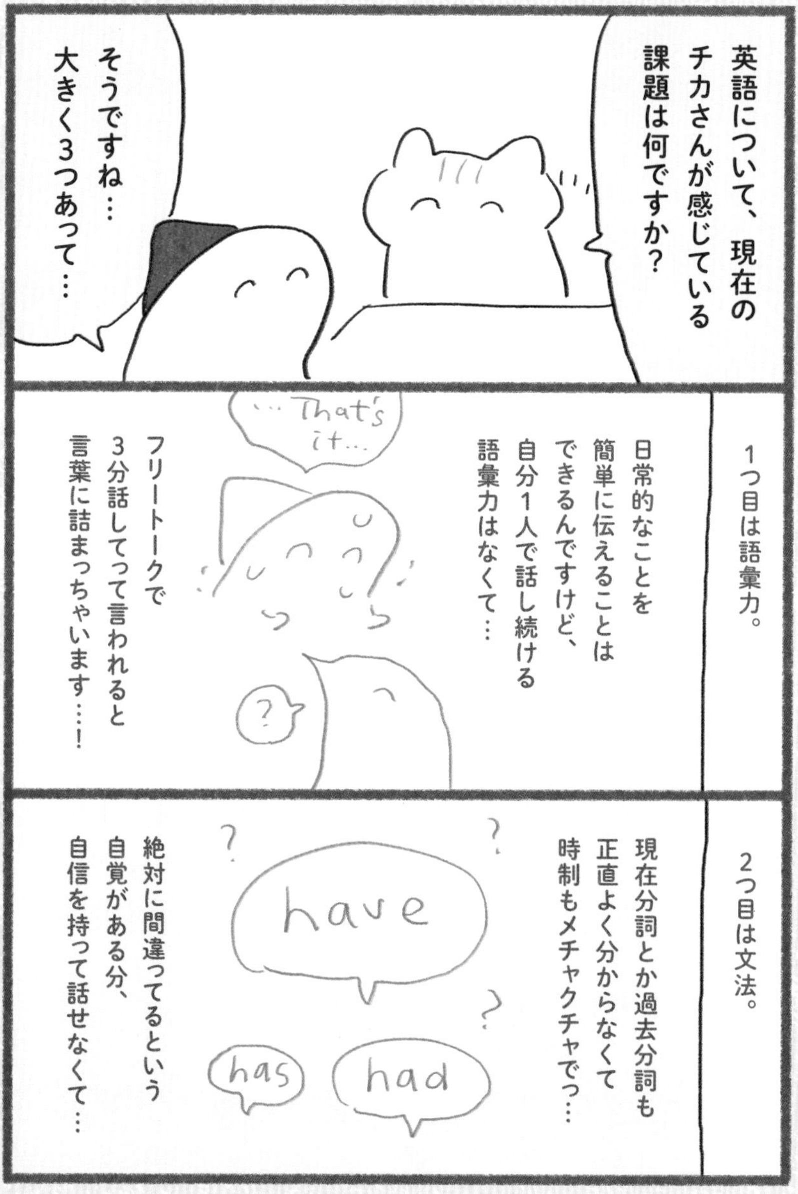
英語について、現在のチカさんが感じている課題は何ですか？
そうですね…大きく3つあって…
1つ目は語彙力。
日常的なことを簡単に伝えることはできるんですけど、自分1人で話し続ける語彙力はなくて…
…That's it…
?
フリートークで3分話してって言われると言葉に詰まっちゃいます…！
2つ目は文法。
現在分詞とか過去分詞も正直よく分からなくて時制もメチャクチャでっ…
have
has
had
絶対に間違ってるという自覚がある分、自信を持って話せなくて…

3つ目は発音。
発音は今までほぼ諦めてて…
アイアム ジャパニイズ
照れ隠しなのか、あえて強化版ジャパングリッシュで話したりしちゃって…
…ってもう全部ですね!!
ボキャブラリー 文法 発音ッ
大丈夫ですヨ
課題が分かっているのは今までのチャレンジの賜物だと思いますよ
ではまず、改めて長期目標と中期目標を整理しましょうか
いきなり全て短期でやろうとせず…
何より大切なのは「その人ならではの目標設定」です!

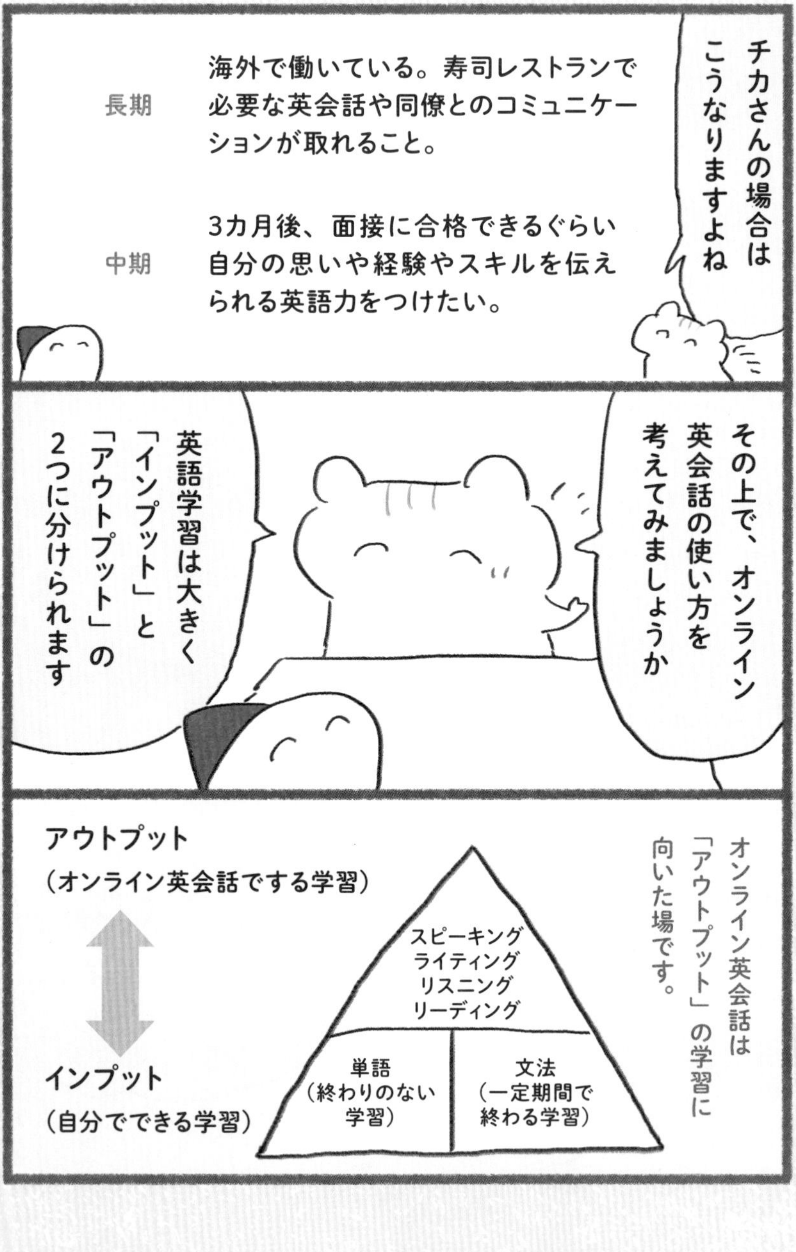

チカさんの場合は
こうなりますよね
長期
海外で働いている。寿司レストランで必要な英会話や同僚とのコミュニケーションが取れること。
中期
3カ月後、面接に合格できるぐらい自分の思いや経験やスキルを伝えられる英語力をつけたい。
その上で、オンライン
英会話の使い方を
考えてみましょうか
英語学習は大きく
「インプット」と
「アウトプット」の
2つに分けられます
オンライン英会話は
「アウトプット」の学習に
向いた場です。
アウトプット
（オンライン英会話でする学習）
インプット
（自分でできる学習）
スピーキング
ライティング
リスニング
リーディング
単語
（終わりのない
学習）
文法
（一定期間で
終わる学習）

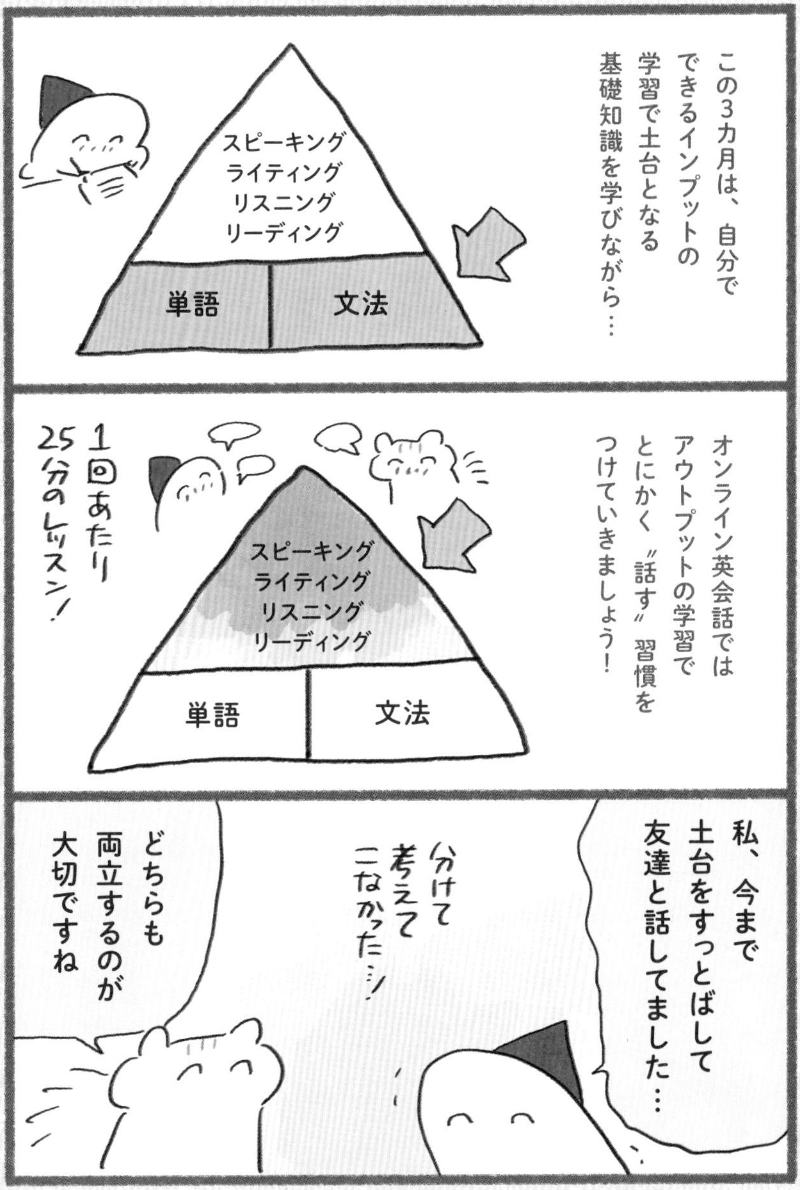
この3カ月は、自分でできるインプットの学習で土台となる基礎知識を学びながら…
スピーキング
ライティング
リスニング
リーディング
単語
文法
オンライン英会話ではアウトプットの学習でとにかく〝話す〟習慣をつけていきましょう!
1回あたり25分のレッスン!
スピーキング
ライティング
リスニング
リーディング
単語
文法
私、今まで土台をすっとばして友達と話してました…
分けて考えてこなかった…!
どちらも両立するのが大切ですね

私が使っていたプランは1カ月何回受けても同価格のプラン!
あの…オンライン英会話は週に何回すればいいでしょうか?毎日ですか!?
毎日…と言いたい所ですが、お仕事もあると思いますし、5日が理想だと思います!
レッスンは24時間空き時間にすぐ予約できますが…
続けるコツとしてはレッスンは固定の時間にするのがオススメです
毎日8:30～とか
毎日20:00～とか
テーマは自分の興味のあるものを選んで先生と話すのもオススメです
教材にはお寿司やフィンランドがテーマのニュース記事もあります!
お寿司も!

まずは文法から

今まではやみくもに
手元の単語帳を
1ページ目から順番に
覚えていたけれど…
ふう…
まだ30P…
道は長い…!
先生とは「3カ月後に
フィンランドのお寿司屋さんの
模擬面接をする」という
具体的な目標と期日を決めて
スタートできた。
絶対できます!
では週5のオンライン
英会話（25分）に加えて…
インプットの学習として
まずは文法から
始めましょう!
ヒイッ
でた…!!
苦手な
文法書…
!!!

文法書は、最初の1カ月で終わらせましょう
いっ… 1カ月…!?
い… 今まで何度もチャレンジしたんですけど…文法書って1カ月で終わるんですか!?
オロロロ
中学3年間+高校3年間で6年かかってますよね!?
キッパリ
はい 終わります
ちなみにチカさん、文法書は何を使ってますか?
サッ
ネクステージです! 高校時代の教材でした!

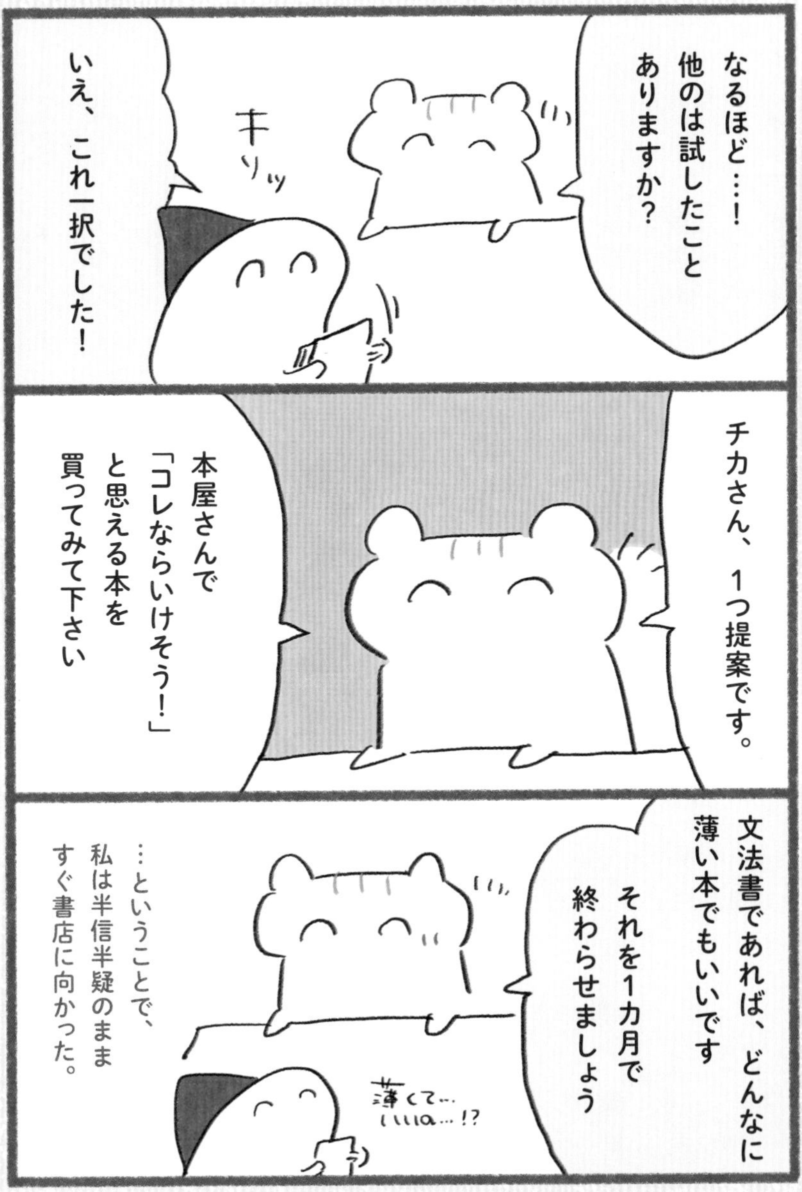
なるほど…！
他のは試したこと
ありますか？
キリッ
いえ、これ一択でした！
チカさん、1つ提案です。
本屋さんで
「コレならいけそう！」
と思える本を
買ってみて下さい
文法書であれば、どんなに
薄い本でもいいです
それを1カ月で
終わらせましょう
薄くて…
いいの…!?
…ということで、
私は半信半疑のまま
すぐ書店に向かった。

文法書コーナーにはたくさんの種類の本があり…
パラ
パラ
う〜ん…これは受験用に練習問題が多め…こっちは文字が小さすぎて集中できない…
あ…これなら…?
ビビビ
初心者向け
文字が大きくて分かりやすい
練習問題少なめ
こうして私は本屋さんで最も文字が大きく薄めの本を購入。
ネクステージ
512P
新テキスト
208P
ありがとうございました!
ありがとうございます!
ネクステージの半分以下のページ数ッ

帰宅後。
全部で55ユニットあるから、平日の5日間で割って…1日3ユニット（6ページ）読んで進めればいいのか！
大きな文字だし、これなら1カ月でできるかも…!!
希望ッ！
本の文字の大きさもあり、今回は不思議と始める前から「終われそう」と思うことができ…
そして本当に1カ月で文法書を最後まで終わらせることができた。
で…できた…!!!
一冊の文法書を「読み切った」のははじめての経験だった。

知らなかった…文法書にも自分に合うものとそうでないものがあって…「この本なら終えられそう」ってビビッと来る本があったんだ…！
ずっと学校教材が全て&ベストだと思ってた…
「高校で3年かかっていた」という先入観と、
ぶ厚い参考書を1ページから512ページまで、順に覚えてクリアしなきゃというプレッシャーがハードルになっていたけれど
1カ月で本当に終えられました!!!
感激…!!!
Good job!
文法書は1カ月で終えられる。そして本にも相性があることを学んだ

Column

英語ノート作りを楽しむ

**B5サイズのシンプルなノートに
自分で作った表紙ステッカーを貼って気分を上げる**
(これはふせんを糊で貼り付けている)

私は一度失敗ページができてしまうと、
そのあと美しいノートを作るモチベーションが半減してしまうので…

書くのを失敗しても良いように、
まずはA4のコピー用紙に文法や単語をまとめていた。

2つ折りにして
ノートに糊で
貼り付ける!

**そうすれば美しいノートを作るモチベーションが保たれやすい
&一冊あたりのページ数も増える**

主語　動詞　目的語　補語

S　V　O　C

Subject　Verb　object　complement

第1文型

She works.

S + V

→ どこで、どのように働くかを表現するには、修飾語(句)を加える。

She works hard in a sushi restaurant.

└ 修飾語句（hard in a sushi restaurant）

第2文型

This is a pen.

S + V + C

S = C

→ S=Cの「=」を果たすのが連結動詞!!

代表はbe動詞の is, am, are!

（第5文型でも使う!）

(知覚を表す) look, feel, sound, taste, smell ...

(状態を表す) be動詞, keep, seem, stay, stand ...

(変化を表す) come, become, go, grow, run ...

第3文型

She has a pen.

S + V + O

→ 目的語には名詞および名詞に相当する語句がくる。

She studied sushi at a sushi school.

S + V + O

└ 修飾語句（at a sushi school）

第4文型

She teaches us English.

S + V + O_1 + O_2

(ヒト)　(モノ)

→ 主語　ヒト　モノ　動詞

『SはO_1にO_2をVする』の形。

その他の例

give O_1 + O_2

buy O_1 + O_2

ask O_1 + O_2

第3文型への言い換えができる。

その時は、後ろに移動したヒトの前にtoかforを付ける。

She teaches English for us.

S + V + O

└ 修飾語句（for us）

第5文型

Sushi makes me happy.

S + V + O + C

(O=C)

→ 補語の名詞, 形容詞, 副詞が

目的語の名詞を補足説明している。

She always keep the door locked.

S + 修飾語 + V + O + C

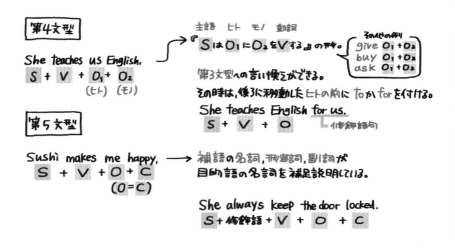

Note　5文型※

ノートを作る時によくやっていること

①楽しい例文を自分で作る

私の場合は「お寿司」や「レストラン」など自分らしい例文を作って、使うようにした。実践でも役立つし、身近な文の方が覚えやすいし一石二鳥だ。

②手書きフチドリを使う

など、フチドリの図形を使うことで、
見やすい項目や補足を作ることができる

③ペンの色を使い分ける

基本的には黒と赤のペンを使いながら、蛍光マーカーペンでメリハリをつける。

※『新ゼロからスタート英文法』（Jリサーチ出版）
を参考に作成

◆自分だけの単語帳

市販の単語帳を1ページ目から覚えるスタイルを止めた私。
本当に使うか分からない単語じゃなくて、本当に自分が使う単語だけを覚えよう!
自分にとって必要な単語帳を作るために2つのテーマを設けた。
1つ目は、使うシチュエーション!
観光・仕事・学問…使うシチュエーションによって必要な英単語は人それぞれだ。
私の場合は「寿司レストランで働く」というシチュエーションで使う単語が必要なのと、
面接で自分のことを説明しなきゃね!

ということで、英語で書かれたお寿司作りのレシピサイトから知らない単語をメモしたり…
「巻きす」はbamboo rolling matって言うんだ…
How to make sushi…
メモメモ
自分の経歴や、面接用シナリオを翻訳してよく使う単語をストック。
人材会社
human resources company
倒産した
went bankrupt
うに
sea urchin
こうして、自分にとって必要なシチュエーション専用の単語帳ができ
シーアーチン！
シーアーチン！
「覚える理由」が明確な分、学びもモチベーションも感じることができた。

そしてもう1つの
テーマが…
2つ目は
誰と話したいか!
「この人と話したい」という
人物設定だった。
ペンパルともっと
話せるようになりたい!
と思った私は…
この人の頭の中にある
英単語を全て知れば
万事解決では…!?
脳
※ペンパルで
という大胆な（?）発想に
行きついた。
同じ英語でも
「話す人」によって
使うボキャブラリーが
全然違うので
やりとりしたメッセージに
出てきた単語を全てメモって
単語帳に追加する
カキ
カキ
「私はこの人の
ボキャブラリーを知りたい」
という人ができたら、
その人の言葉を覚えるのも
良いモチベーションになる。

こうして作った単語帳は
世界に1つしかない
自分だけの単語帳。
英語
世界にはたくさんの単語が
あるけれど…
自分の人生に必要な
半径5m以内の
ボキャブラリーを集めて
最短で、そして最愛の
自分にとって必要な
英単語たちを学ぶ。
たのしい!
大人の学び直しの特権は
「自分のための学習」
ができることだ。

Column

英単語と発音について

「最短距離で、自分に必要な英語を身につける」ことをゴールにした私は、

- **面接で使いそうな単語**
- **海外レストランで使われる単語**
- **友達との会話で出てきた単語**
- **英会話レッスンで学んだ単語**

をノートやアプリに書き溜め、単語帳を自分で作った。新しい単語に出合う度、すぐにメモを取る習慣を身につけ、この単語帳に単語をストックしていった。

発音は「最低限伝わるレベルであればＯＫ」とし、必要な語彙を面接までに頭に入れることを優先した。

アルファベットでの発音暗記が苦手だった私は、自作の単語帳には全てカタカナでふりがなを書いた。カタカナのふりがなは、辞書アプリ「英辞郎」で確認。音声もアプリで聞いて、口に出しながら練習した。半径5ｍ以内の、自分に必要な言葉たちを集めた単語帳は「学ぶ意味」を私に感じさせてくれた。

広い英語学習の大海原で、20代の頃は何度も遭難しかけたけれど…私にとって30代からの英語の学び直しは、自分だけの辿り着きたい小島を探し、一直線に船を漕ぐ「目的地のある航海」になった。

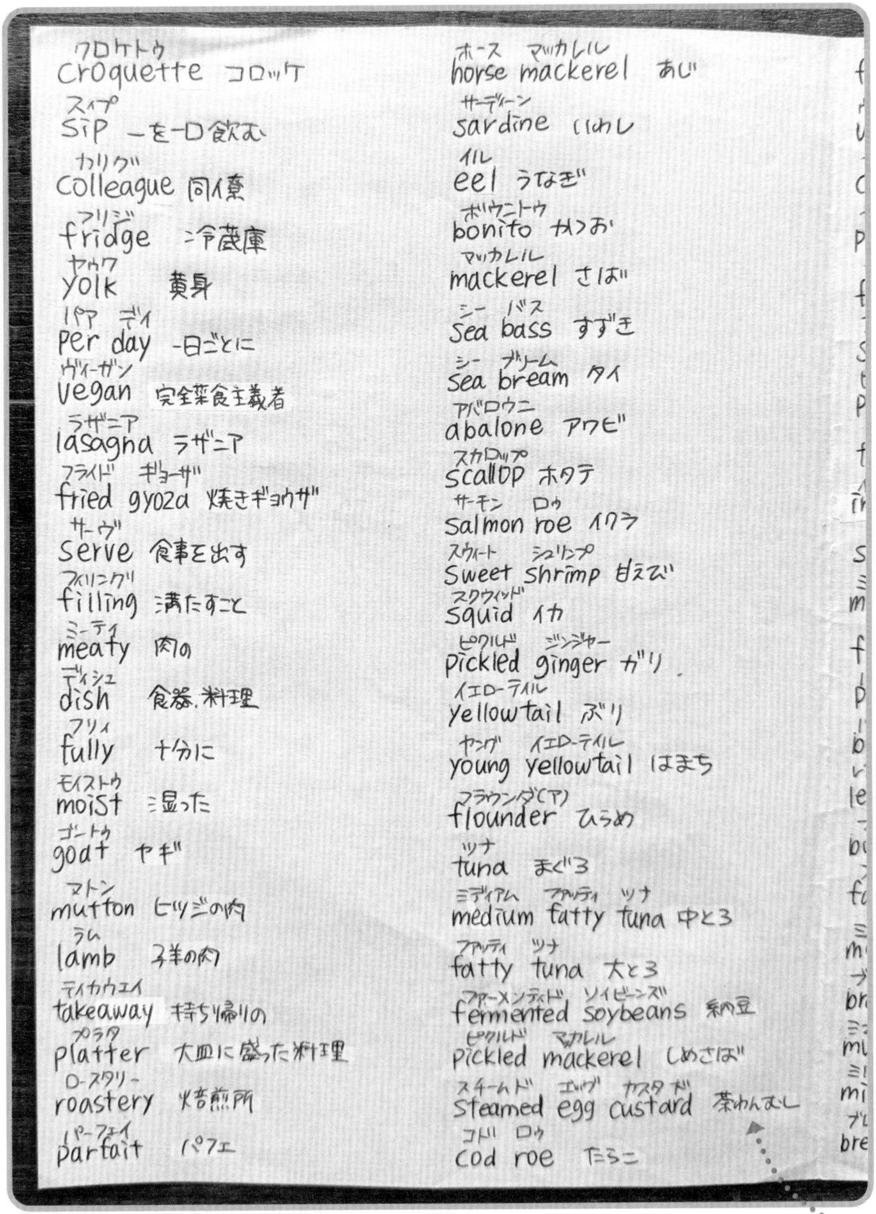

croquette《クロケトゥ》 コロッケ

sip《スィプ》 ～を一口飲む

colleague《カリグ》 同僚

fridge《フリジ》 冷蔵庫

yolk《ヤウク》 黄身

per《パア》 day《デイ》 一日ごとに

vegan《ヴィーガン》 完全菜食主義者

lasagna《ラザニア》 ラザニア

fried《フライド》 gyoza《ギョーザ》 焼きギョウザ

serve《サーヴ》 食事を出す

filling《フィリング》 満たすこと

meaty《ミーティ》 肉の

dish《ディシュ》 食器, 料理

fully《フリィ》 十分に

moist《モイストゥ》 湿った

goat《ゴートゥ》 ヤギ

mutton《マトン》 ヒツジの肉

lamb《ラム》 子羊の肉

takeaway《テイカウエイ》 持ち帰りの

platter《プラタ》 大皿に盛った料理

roastery《ロースタリー》 焙煎所

parfait《パーフェイ》 パフェ

horse《ホース》 mackerel《マッカレル》 あじ

sardine《サーディーン》 いわし

eel《イル》 うなぎ

bonito《ボウニトウ》 かつお

mackerel《マッカレル》 さば

sea《シー》 bass《バス》 すずき

sea《シー》 bream《ブリーム》 タイ

abalone《アバロウニ》 アワビ

scallop《スカロップ》 ホタテ

salmon《サーモン》 roe《ロウ》 イクラ

sweet《スウィート》 shrimp《シュリンプ》 甘えび

squid《スクウィッド》 イカ

pickled《ピクルド》 ginger《ジンジャー》 ガリ

yellowtail《イエローテイル》 ぶり

young《ヤング》 yellowtail《イエローテイル》 はまち

flounder《フラウンダ(ア)》 ひらめ

tuna《ツナ》 まぐろ

medium《ミディアム》 fatty《ファッティ》 tuna《ツナ》 中とろ

fatty《ファッティ》 tuna《ツナ》 大とろ

fermented《ファーメンティド》 soybeans《ソイビーンズ》 納豆

pickled《ピクルド》 mackerel《マカレル》 しめさば

steamed《スチームド》 egg《エッグ》 custard《カスタド》 茶わんむし

cod《コド》 roe《ロウ》 たらこ

◆ディクテーション

ある日、SNSで英語の学習法を尋ねたら…
知らなかった!!!
今までのやり方と全然違うッ…!!
その全てが新鮮だった…!!
その中でも特に多かったのが
英文を聞く
←
音だけを聞いて書き取る
or
真似して復唱する
という方法。
書くのをディクテーション
英語を聞きながら真似して発音するのがシャドーイングか…
色々調べて好きなTEDのプレゼンを題材にすることにした。
ポチ
TEDICT
TEDICTというアプリを有料版でダウンロードした。

そしてひたすら
聞く↓書く↓
話す↓覚える
をループすること
3日…
おっ…
驚きがすごいッ!!!
めっちゃ細かい
発音まで習得できる!
モチベーション
motivation
↓
モォゥタァヴェイシャンヌ
motivation
インセイン
insane
↓
インセェインヌ
insane
ヌ!!!
ヌが
聞こえる!!!
話すスピードの
こなれ感がすごい
And I get pe
to stop argui
about the dow
and who is ho
Thanksgiving
ペラ
ペラ
ペラ
話し方含めて
暗記するので
ネイティブの話し方が
乗り移る!

そして…Siriが
英語を聞き取って
くれる…!!
じーーん
おまえ…
ついに…!!
英語を〝話せる〟
人たちは…
リスペクト…!!
こんな勉強も
続けていたんだ…
こうして人生初の
ディクテーション&
シャドーイングに出会い…
嬉しくてスキマ時間
ずっとやってる
また1つ、
英語の奥深さを知った。

チカさんディクテーションやってたのは素晴らしいですね…
えへへ
好きなTEDのプレゼンがあって…覚えようとがんばってます
だけどネイティブの人が本当に早口で話すのですごいスロー再生にしてます
難しい…
どれですか
なるほど…! たしかにTEDのプレゼンは難易度が高いですね
もっと簡単な英文でディクテーションを学んでもいいかもですね
中1〜中3の基礎レベルで学べる、『瞬間英作文』という教材いいですよ

瞬間英作文…？
例
これは良い本です。
日本語を見て、すぐに自分で英語に訳してみるトレーニングです
This is good book?
惜しい！　aが抜けてましたね
答 This is a good book.
普段勢いまかせに話していると「答え合わせ」ができないのでありがたいですね…！
文法も一度やっただけだと忘れちゃうので…
簡単な文章で、1カ月で学んだ文法をおさらいしていくのが良いですね

瞬間英作文の本もあるし、アプリ版もあります
どんどん 瞬間英作文 トレーニング
文法ごとに問題がまとまってるので、文法書を進めながら同じ項目を練習するのもオススメですよ
たしかに一度文法書を終えただけだと忘れそうで怖かったです
文法の概要が分かったら、それを口に出して使うことで覚えていきましょう
I have just had lunch!
（ちょうど昼食を食べたところです）
こうして始めた瞬間英作文のアプリも、シンプルな作りだったので、アレルギーが出なくてよかった。

Column

英語学習で使ったアプリ

▶瞬間英作文

短い文章かつ日常の状況に基づいた文章を英作文するアプリ。 中学1年生レベルから、学んだ文法ごとにレッスンを選択できるので、 文法書の振り返りとしても活用。とにかく文章が短いことと、アプリのデザインがシンプルで使いやすく、勉強アレルギーが出にくくてよかった。

▶WordHolic

単語カード帳を自作できるアプリ。 フォルダもたくさん作れるので「会話用」「映画用」「面接用」など、 学んだシーンごとに単語帳を作っていた。 あまりにたくさんの単語を1つのフォルダに登録しすぎると「学び直し」 が困難になるので、 1フォルダに50個までが自分には心地よかった。

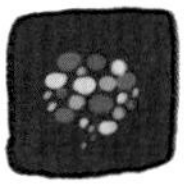

▶HelloTalk

言語交換アプリで、 世界中の人と直接コミュニケーションが取れる。 相手の学んでいる言語やレベルも分かるので「日本語に興味がある人」 を容易に探すことができ、 WINWINの言語交換パートナーを見つけやすい。他のチャットアプリとは異なり、出会い目的の人も少なめなので（それでも見極めは必要だけれど）比較的安心して使えるアプリでもあった。

▶英辞郎

一般的な辞書アプリ。 …なのだけど、 一番の推しポイントは「カタカナで発音が記されていること」 …!!! 〈例：acknowledge 認める　US（アメリカ発音）：アクナリジ、UK（イギリス発音）：アクノリジ〉。
カタカナという慣れ親しんだ概念を使って「発音の概要」 をまず知れることは、 英語をフレンドリーな存在に変換する上で非常にありがたかった。 そのあと、 アプリの音声発音機能で正しい発音を耳に入れながら練習していった。

▶TEDICT

TEDの講演を活用して英語を学ぶアプリ。プレゼンなのでトピックは難しいけれど、ネイティブのリアルな話術を字幕付き・超スロースピードで再生することができ、 スクリプトとしても英文をダウンロードできるので、 YouTubeなどで流し見するのとは違い「本当に理解するため」 の素材が全て揃っていた。

英語レッスンを始めたての頃、
平日毎日やりますっ！
はりきって〝平日毎日やる〟を自己目標として掲げた。
しかし…
毎日ッ…できないっ…
ペタン
たった1日25分のレッスンも私の場合〝平日毎日やる〟ハードルは高かった。
はたから見ると1日の不足だとしても
月火水木金土日
1 2 3 4 5 6 7
8 9 10 11 12 13 14
15 16 17 18 19 20 21
22 23 24 25 26 27 28
29 30
今週もできなかった…
〝できなかった〟と烙印を押す日が多くなり…

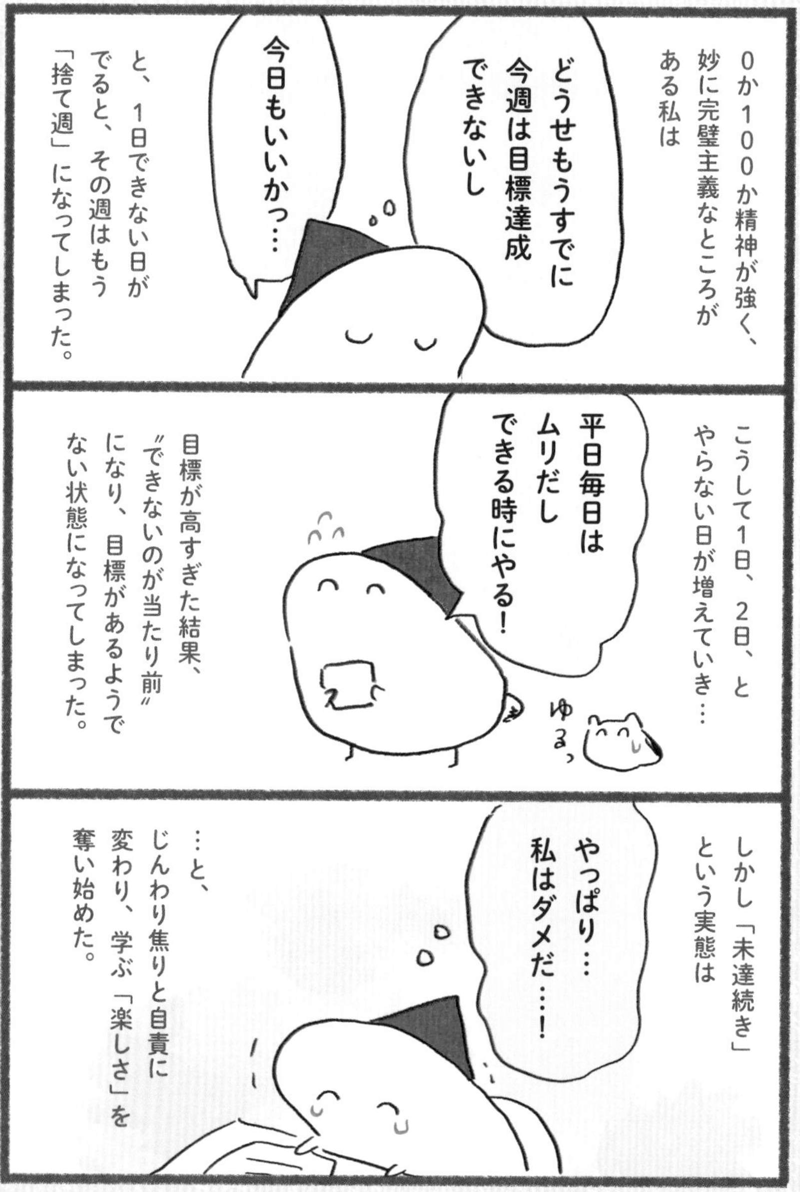
0か100か精神が強く、妙に完璧主義なところがある私は
どうせもうすでに今週は目標達成できないし
今日もいいかっ…
と、1日できない日がでると、その週はもう「捨て週」になってしまった。
こうして1日、2日、とやらない日が増えていき…
平日毎日はムリだしできる時にやる!
ゆるっ
目標が高すぎた結果、〝できないのが当たり前〟になり、目標があるようでない状態になってしまった。
しかし「未達続き」という実態は
やっぱり…私はダメだ…!
…と、じんわり焦りと自責に変わり、学ぶ「楽しさ」を奪い始めた。

このままではダメだと思った私は、先生に現状をありのまま相談した。
こんな状況で、情けないのですが週5できなくて…
およょょ
気持ち的にもつらいです
すると先生は…
なるほど…！チカさん、それは
目標の見直しが必要ですね！
今は目標が高すぎて機能していないので、〝現実的に目指せる〟目標を決めましょう！
大丈夫ですよ！
先生…！

じゃ…じゃあ…ミニマム週3日にします!!
これは必ずやりますッ!
こうして私は、必ず達成できる〝ミニマムの目標〟を掲げて宣言し…
その目標は必ず達成することにした。
今週は4日もできた!
ハナマル!
10月
すると〝できない〟ではなく〝できた!〟が増えてモチベーションが上がり
そのあとは楽しくレッスンを続けることができた。
えらいぞ自分!
欲張りすぎず、小さなミニマム目標を立てて、確実にクリアしていくのもごきげんに継続するコツかもしれない。

Column

英語学習をする時の朝のスケジュール

7時00分	**起床　身支度をしてコーヒーを淹れる**
7時30分	**英語座学**（文法書&瞬間英作文で復習 60分）
8時30分	**英会話レッスン**（DMM英会話のオンラインレッスン 25分）

1週間のスケジュール

	朝	日中	夜
月曜日		仕事	
火曜日	英語座学 英会話レッスン	仕事	お寿司練習 （野菜、一品料理）
水曜日	英語座学 英会話レッスン	仕事	お寿司練習 （シャリ作り、握り）
木曜日	英語座学 英会話レッスン	仕事	お寿司練習 （握り）
金曜日	英語座学 英会話レッスン	仕事	お寿司練習 （魚を捌く）
土曜日	休み（空っぽの日）		
日曜日	お寿司学校（通学後にお寿司屋さん修業）		

Column

続けるためのコツ 1 「自分に合う時間」を見つけること

私の場合は、朝の1時間半で英語の勉強を行うスケジュールが合っていた。仕事は残業もあり夜遅くまで働くこともあるため、終業後に英語の勉強スケジュールを入れてしまうと「今日はもう頭を使うのは無理…」となってしまうことが多かったからだ。一方、不思議なことに、終業後のお寿司の夜練習は楽に続けられた。それはきっと、使うパーツが違っていたからかもしれない。仕事と英語は「頭」を使うのに対し、お寿司の練習は「手」を使うので良い気分転換にもなった。同じ練習でも、使うパーツによって受け入れやすいタイミングが異なるのかもしれない。

続けるためのコツ 2 「余白」を持つこと

忙しい中でも、必ず週に1日は「空っぽの日」を作ることをマイルールにしていた。何の予定も入れない、自由な日。その日の朝に旅行に行きたいと思えば行けばいいし、1日中家の中でダラダラしたい！と思えば、その通りに過ごす。どうしても先の予定が全て計画されすぎていると「息苦しさ」を感じてしまう。人生には余白と、その日の思いつきをそのままに行動できる自由が必要だと思う。そして週明けの月曜日は、ちゃんと出勤して仕事ができたらそれだけでハナマル!!月曜日から飛ばしすぎずに、自分にとって「ここは力を抜きたい日」を予め余裕を持って計画することで、罪悪感なく休むことができた。

続けるためのコツ 3 「期日」を決めること

もう1つ大事だったのは「いつまでにどこに到達するか」という期日を決めることだった。永遠にこの過密スケジュールが続く…と思うと、暗く長い出口の見えないトンネルの中にいるような閉塞感で希望を感じられなくなってしまう。私の場合「3カ月後に英語で模擬面接できるようになる」「1年後には、フィンランドで働く」という目標を決めて、「この生活が一生続く訳ではない」という希望を作り出した。もちろん語学学習に終わりはないけれど、それでも「自分だけのゴール」に対しては期日を決めることはできるし、「がんばればがんばるほど期日は早まる」という事実も、モチベーションの1つになった。

◆どこまでやれば

〝文法書は1カ月で終わる！〟と言われたものの…
あのっ…!! どこまでやれば「終わった」と定義したらいいんでしょうか
わななっ
きっと私は一度読んだだけだと忘れるし…
自習となると「自分が理解できているのか」の確認もむずかしそうだし…
何回読めばいいとか、何ができたら次の章に進んでいいとか…
明確なガイドラインが欲しいですッ
じゃないとまたずっと前に進めなさそう…

長編小説を読む時のように「えっ、この人誰だっけ?」とページを戻って、
なかなか前に進めない…ということが文法書に取り組む時もよく起こっていた。

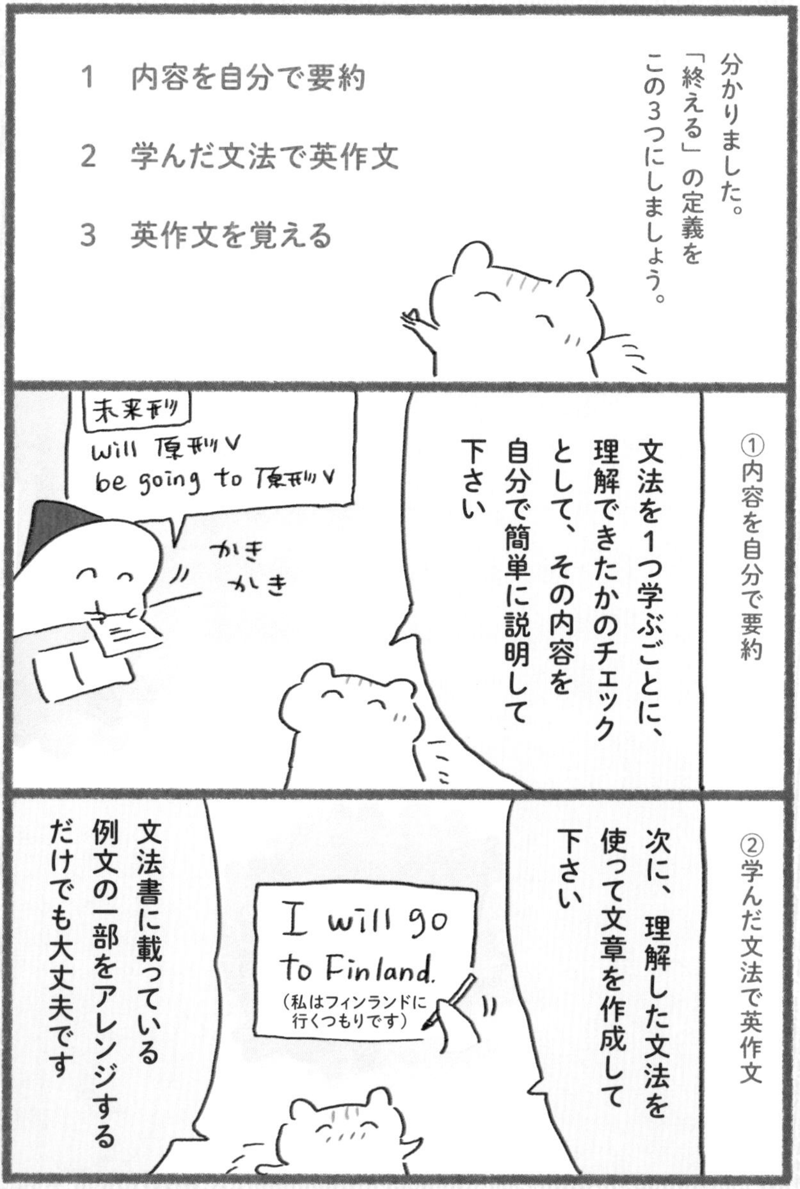

分かりました。
「終える」の定義を
この3つにしましょう。
1　内容を自分で要約
2　学んだ文法で英作文
3　英作文を覚える
①内容を自分で要約
文法を1つ学ぶごとに、理解できたかのチェックとして、その内容を自分で簡単に説明して下さい
未来形
will 原形V
be going to 原形V
かき
かき
②学んだ文法で英作文
次に、理解した文法を使って文章を作成して下さい
I will go to Finland.
（私はフィンランドに行くつもりです）
文法書に載っている例文の一部をアレンジするだけでも大丈夫です

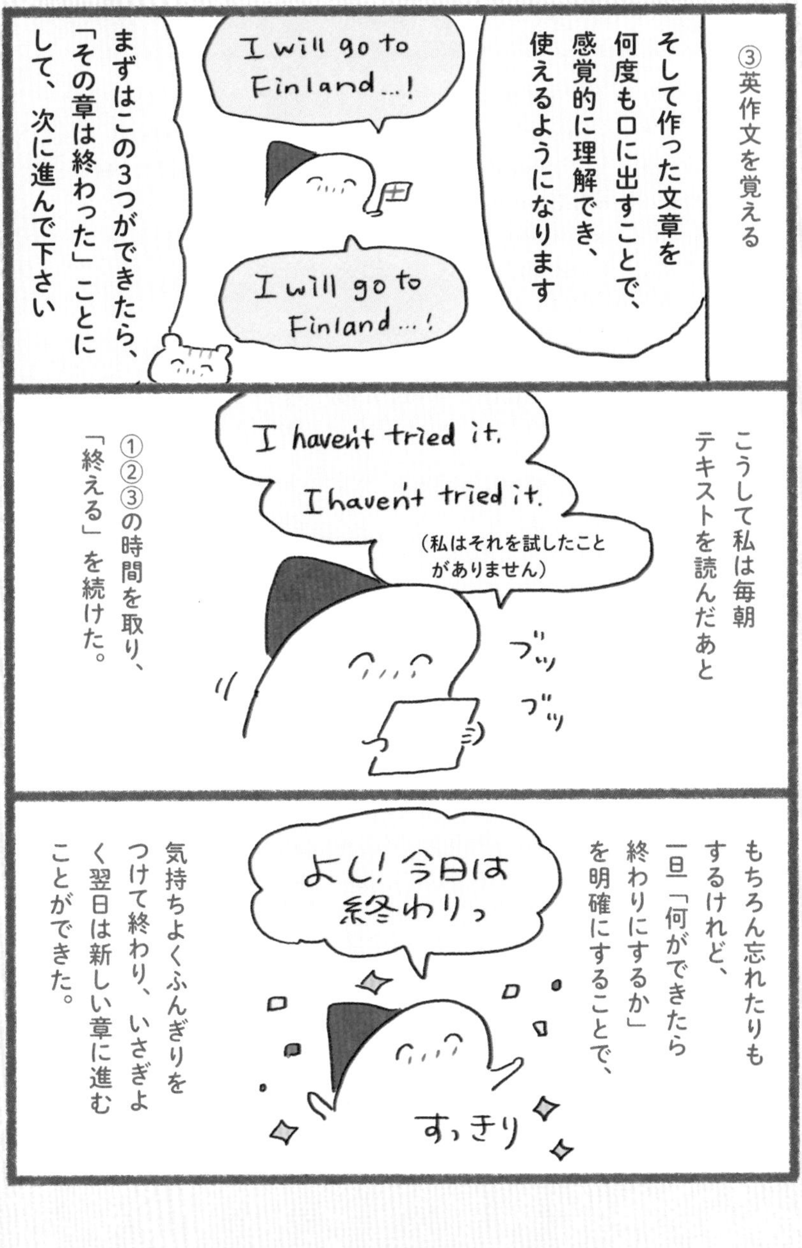
③英作文を覚える
そして作った文章を何度も口に出すことで、感覚的に理解でき、使えるようになります
I will go to Finland…!
I will go to Finland…!
まずはこの3つができたら、「その章は終わった」ことにして、次に進んで下さい
こうして私は毎朝テキストを読んだあと
I haven't tried it.
I haven't tried it.
(私はそれを試したことがありません)
ブツ
ブツ
①②③の時間を取り、「終える」を続けた。
もちろん忘れたりもするけれど、一旦「何ができたら終わりにするか」を明確にすることで、
よし!今日は終わりっ
すっきり
気持ちよくふんぎりをつけて終わり、いさぎよく翌日は新しい章に進むことができた。

Column

よく使う基本フレーズ

フレーズには様々な種類があるけれど、「最低限これさえあれば！」というフレーズと、「さらに痒いところに手が届く」フレーズがあると思う。私の頭の中にあり、フィンランド生活で使っているフレーズたちを覚えた順に3段階に分けるとこんな感じだ。

最初に覚えた基本フレーズ

I can ～：私は～できます
I can make rolled sushi. (私は巻き寿司を作れます)

Can I ～：～できますか?
Can I use this fish? (この魚使っていいですか?)

Let's ～：～しよう
Let's go mushroom hunting in the forest! (森にキノコ狩りに行こう!)

I will ～：私は～するつもりです
I will go to a restaurant tonight. (私は今夜レストランに行くつもりです)

I'm going to ～：私は～に行くつもりです
I'm going to the Christmas party. (私はクリスマスパーティに行くつもりです)

I want to ～：私は～したい
I want to find a good sushi restaurant. (私は良い寿司レストランを見つけたい)

I have to ～：私は～しなければなりません
I have to study English tonight. (今夜は英語の勉強をしないといけません)

Should I ～：私は～すべきでしょうか?
Should I attend this meeting? (このミーティングに参加すべきでしょうか?)

Why do you ～：なぜあなたは～するのですか?
Why do you like salmiakki? (なぜあなたはサルミアッキが好きなのですか?)

When：いつ
When did you last visit Japan?（最後に日本を訪れたのはいつですか?）

Where：どこ
Where did you go in Japan?（日本でどこを訪れましたか?）

What：何
What is this small fish?（この小さい魚は何ですか?）

Why：なぜ
Why did you decide to travel to Japan?（なぜ日本に旅行しようと思いましたか?）

Who：誰
Who is the best chef in Finland?（フィンランドで一番のシェフは誰ですか?）

How：どのように
How did you find this great tuna?（どうやってこの素晴らしいマグロを見つけたのですか?）

Which：どちら
Which sushi restaurant is your favorite?（どの寿司レストランがお気に入りですか?）

Until when：いつまで
Until when do you plan to stay in Japan?（いつまで日本に滞在する予定ですか?）

How many：いくつ
How many carrots do you want?（ニンジンを何本欲しいですか?）

How much：いくら
How much is this octopus?（このタコの値段はいくらですか?）

May I 〜：私は〜してもいいですか?
May I take a coffee break?（コーヒーブレイクを取ってもいいですか?）

Thank you for 〜：〜してくれてありがとう
Thank you for your help!（助けてくれてありがとう!）

次に覚えたフレーズ

Is there ～ : そこには～がありますか?

Is there any Asian supermarket? (そこにアジア食材店はありますか?)

How was ～ : ～はどうでしたか?

How was your trip to Japan? (日本旅行はどうでしたか?)

I need to ～ : 私は～する必要があります

I need to study English. (私は英語の勉強をする必要があります)

What kind of ～ : どの種類の～ですか?

What kind of sushi do you like? (どんなお寿司が好きですか?)

How can I ～ : どのように～すればいいですか?

How can I help you? (どうやって手伝えばいいですか?)

Do you know how to ～ : ～のやり方を知っていますか?

Do you know how to cut sashimi? (刺身の切り方を知っていますか?)

It seems ～ : ～のようです

It seems I don't need to go to the office.
(どうやらオフィスに行く必要はなさそうです)

How often do you ～ : どれくらいの頻度で～しますか?

How often do you sharpen your knives?
(どれくらいの頻度で包丁を研いでいますか?)

I'm looking forward to ～ : ～を楽しみにしています

I'm looking forward to seeing you! (あなたに会えるのを楽しみにしています!)

You don't have to ～ : あなたは～する必要はありません

You don't have to worry about his comment.
(彼のコメントを気にする必要はありません)

Have you ever ～：あなたはこれまでに～したことがありますか?

Have you ever made sushi?（お寿司を作ったことがありますか?）

I wonder ～：私は～かなと思う

I wonder if I can take a few days off.（数日休みを取ってもいいかな…）

That's why ～：それが～の理由です

That's why I became a sushi chef!（それが私が寿司シェフになった理由なんです!）

You must have ～：きっと～したに違いありません

You must have studied a lot.（たくさん勉強したんでしょうね）

I wish ～：私は～だといいなと思います

I wish I could go on a picnic with you.（一緒にピクニックに行けたらいいな）

さらに伝えやすくなるフレーズ

Let me ～：私に～を任せて下さい

Let me buy you a coffee!（コーヒーをご馳走させて下さい!）

I'd like to ～：私は～したいと思います

I'd like to visit your hometown.（あなたの故郷を訪ねてみたいです）

It makes me ～：それは私を～にさせます

It makes me feel happy!（それは私を幸せにします!）

I used to ～：私は以前～していました

I used to read a lot of comics.（昔は漫画をたくさん読んでいました）

I'm used to ～：私は～に慣れています

I'm used to traveling alone.（私は１人で旅行するのに慣れています）

For some reason：何らかの理由で

For some reason, I just noticed your email.
（なぜか今、あなたのメールに気付きました）

I should have ～：私は～すべきでした

I should have told you my worries sooner.
（もっと早くあなたに心配事を話しておくべきでした）

I've never ～：私はこれまでに～したことがありません

I've never seen such a big fish.（私はこんなに大きな魚を見たことはありません）

Do you mind if ～：～したら気になりますか（～してもいいですか）？

Do you mind if I use this cutting board?（このまな板を使ってもいいですか?）

I just wanted to ～：私はただ～したかった

I just wanted to know your feelings.
（私はただあなたの気持ちを知りたかっただけです）

That's what ～：それが～です

That's what I thought!（それが私の考えていたことです！（私もそう思ってた！））

今のところ、このフレーズたちに頼って生きている…！参考書にはたくさんのフレーズがあるけれど、これらは友達との会話でよく出てきたり、自分のライフスタイルに合いそうなフレーズたちだ。私の脳のメモリは限りがあるので、できるだけシンプル&よく使うフレーズを大切に記憶しながら、それらを駆使してコミュニケーションを取っている。

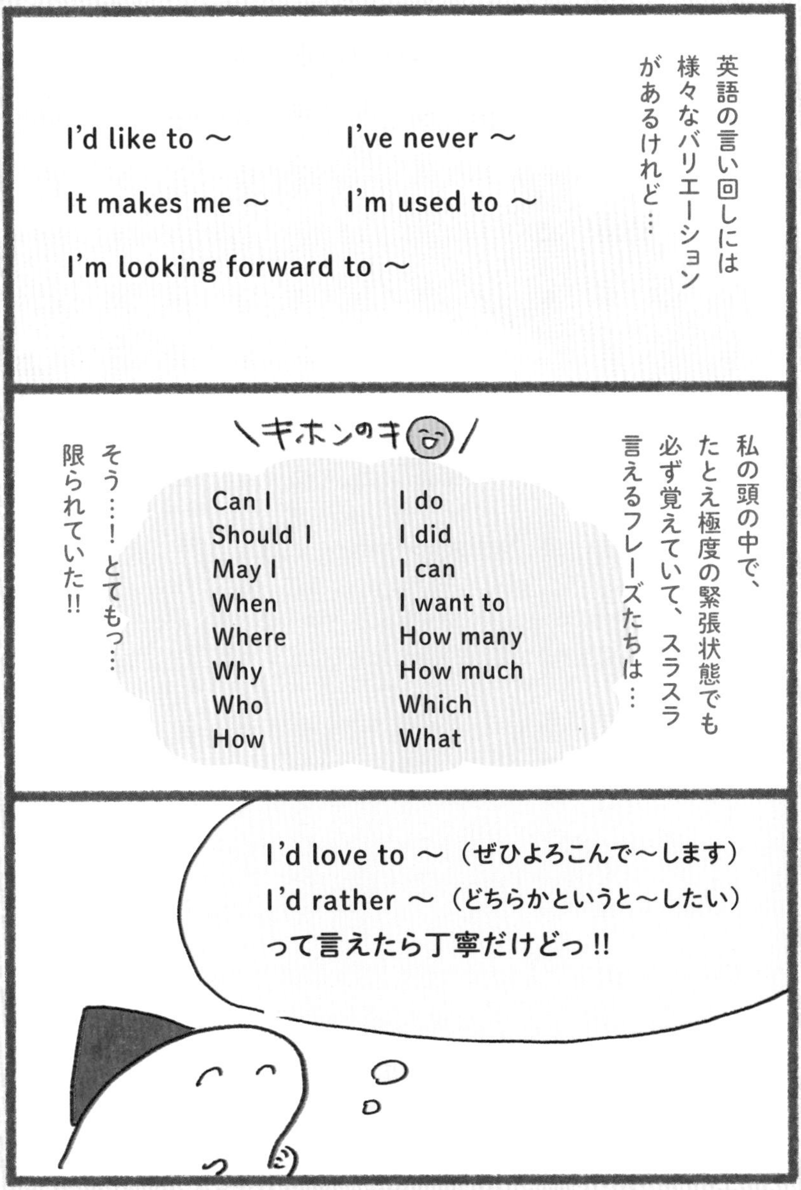
英語の言い回しには
様々なバリエーション
があるけれど…
I'd like to ～
I've never ～
It makes me ～
I'm used to ～
I'm looking forward to ～
私の頭の中で、
たとえ極度の緊張状態でも
必ず覚えていて、スラスラ
言えるフレーズたちは…
＼キホンのキ／
Can I
Should I
May I
When
Where
Why
Who
How
I do
I did
I can
I want to
How many
How much
Which
What
そう…！とてもっ…
限られていた!!
I'd love to ～（ぜひよろこんで～します）
I'd rather ～（どちらかというと～したい）
って言えたら丁寧だけどっ!!

噛みそうだから
I want to ～（～したい）
に統一しよう!
噛…?
緊張する時には
とにかくシンプルに
覚えている範囲のものを
大切に使うことにした。
んでもって、
足りないニュアンスは、
これも知ってる
単語で補おう!
I'd love to ～.（ぜひよろこんで～します）
I really want to ～.（めちゃ～したい）
I'd rather ～.（どちらかというと～したい）
I want to ～, just a bit.（ちょっと～したい）
他にも
流暢さに欠けるフレーズは
安全な言葉に代えた。
一生こんがらがるこのフレーズ…
I used to ～.（昔～していた）
→ I did ～.（～した）
I'm used to ～.（～することに慣れている）
→ I can ～.（～できる）
キホンの助動詞や
doで乗り切るッ!!

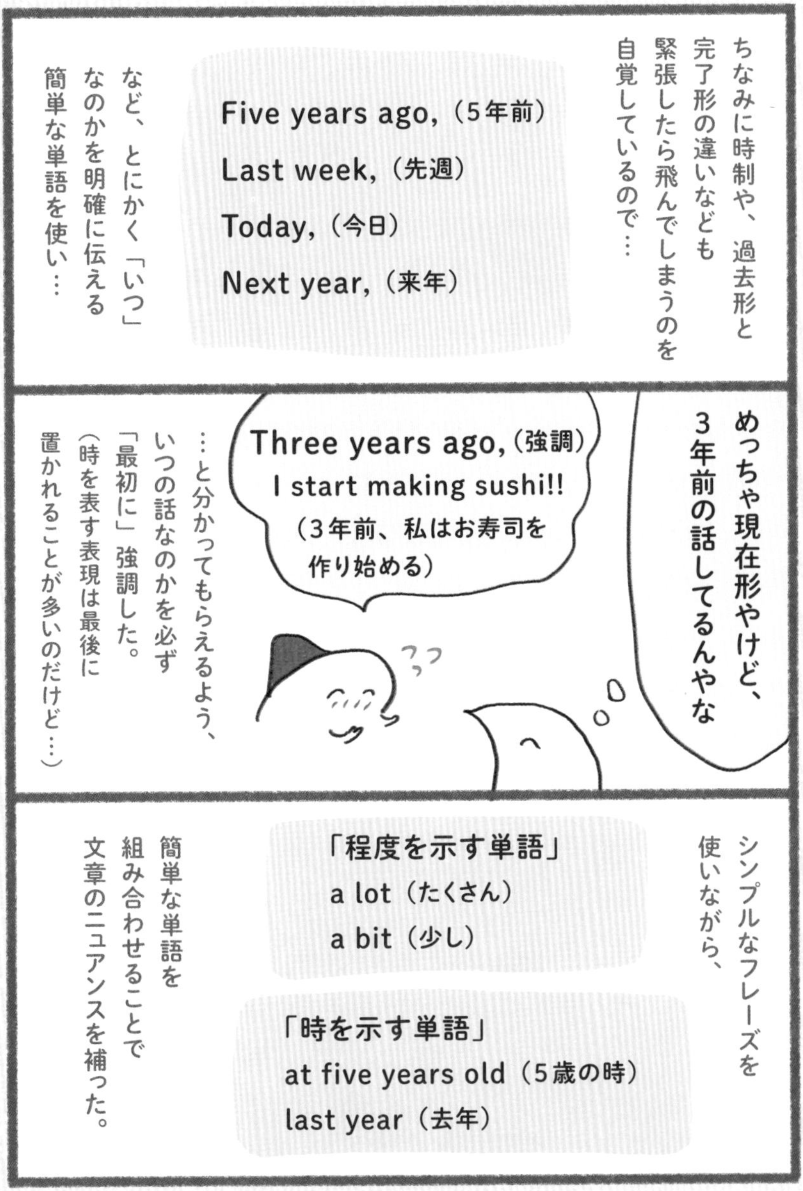
ちなみに時制や、過去形と
完了形の違いなども
緊張したら飛んでしまうのを
自覚しているので…
Five years ago,（5年前）
Last week,（先週）
Today,（今日）
Next year,（来年）
など、とにかく「いつ」
なのかを明確に伝える
簡単な単語を使い…
めっちゃ現在形やけど、
3年前の話してるんやな
Three years ago,（強調）
I start making sushi!!
（3年前、私はお寿司を
作り始める）
…と分かってもらえるよう、
いつの話なのかを必ず
「最初に」強調した。
（時を表す表現は最後に
置かれることが多いのだけど…）
シンプルなフレーズを
使いながら、
「程度を示す単語」
a lot（たくさん）
a bit（少し）
「時を示す単語」
at five years old（5歳の時）
last year（去年）
簡単な単語を
組み合わせることで
文章のニュアンスを補った。

◆よりシンプルに

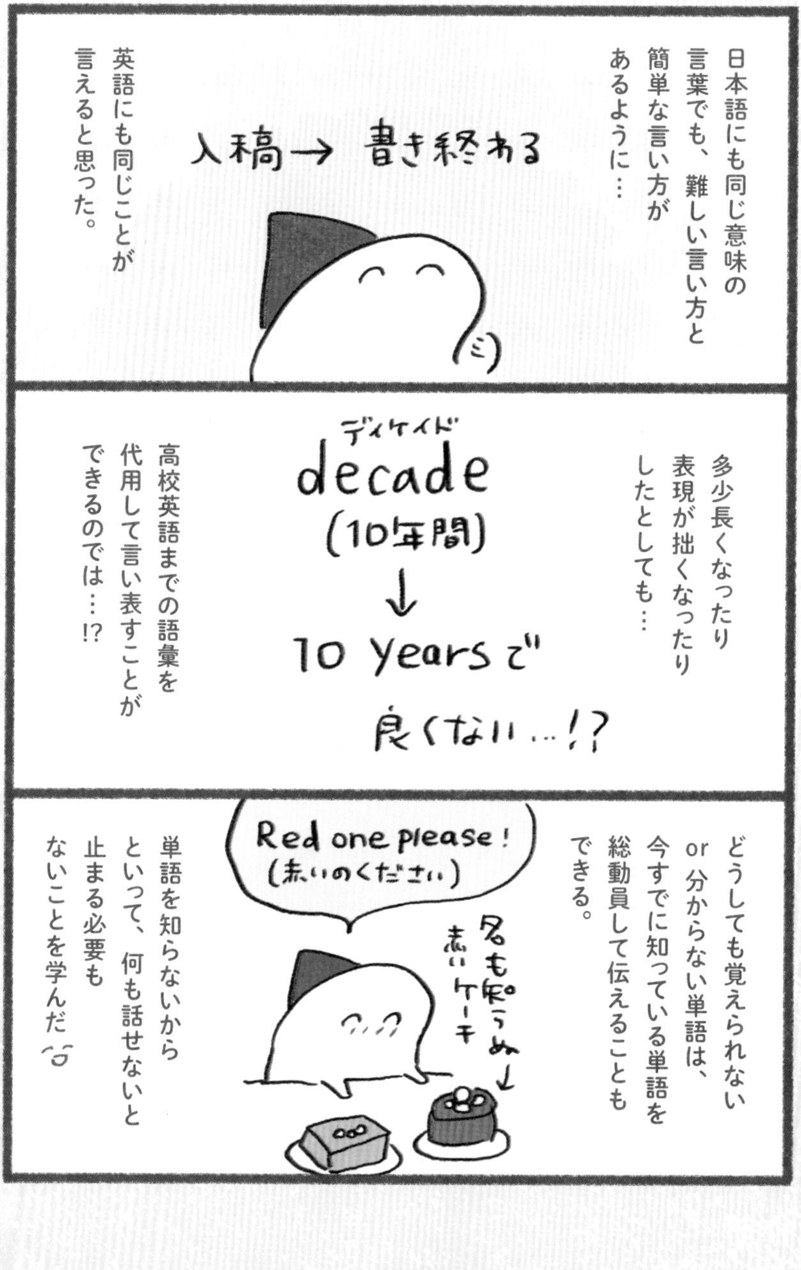
日本語にも同じ意味の
言葉でも、難しい言い方と
簡単な言い方が
あるように…
入稿→書き終わる
英語にも同じことが
言えると思った。
多少長くなったり
表現が拙くなったり
したとしても…
decade《ディケイド》
(10年間)
↓
10 yearsで
良くない…!?
高校英語までの語彙を
代用して言い表すことが
できるのでは…!?
どうしても覚えられない
or 分からない単語は、
今すでに知っている単語を
総動員して伝えることも
できる。
Red one please!
(赤いのください)
名も知らぬ↓
赤いケーキ
単語を知らないから
といって、何も話せないと
止まる必要も
ないことを学んだ

Column

シンプルな言い換えリスト

難しい単語に出合ったら「私が知ってるあの言葉と、どうニュアンスが違うんだろう」をチェックする。たとえば、以下は最近フィンランド人の友達が使っていた英単語たち。それを私が使い慣れた範囲内の単語を使って極限までシンプルにするとこうなる…!

tragic《トゥラジク》（悲劇的な） ➡ sad《サド》（悲しい）

predict《プリディクト》（予測する） ➡ guess《ゲス》（だろうと思う）

reference《リファレンス》（参照） ➡ example《イグザムプル》（例）

magnificent《マグニフィセント》（壮大な） ➡ wonderful《ワンダフル》（素晴らしい）

integrity《インテグリティ》（誠実さ） ➡ honesty《アネスティ》（正直さ）

alternative《オールタネイティヴ》（代替手段） ➡ another option《アナザァアプション》（別のオプション）

もちろんシンプルにすることで細かなニュアンスは失われてしまうけれど、それでも中学校で学んだ英単語を使ってコミュニケーションを取ることはできる。私にとって「暗記」に要する時間やエネルギーは、下記の通り…

インプット（読む、聞く）レベルへの到達 ＜ アウトプット（書く、話す）レベルへの到達

限りある学び直し期間では、難しい単語は「聞いた時に意味を想像できる」レベルに達すればヨシ、逆に知っている単語はアウトプットして「使えるようになる」ことを心がけた。

◆先生のテンション

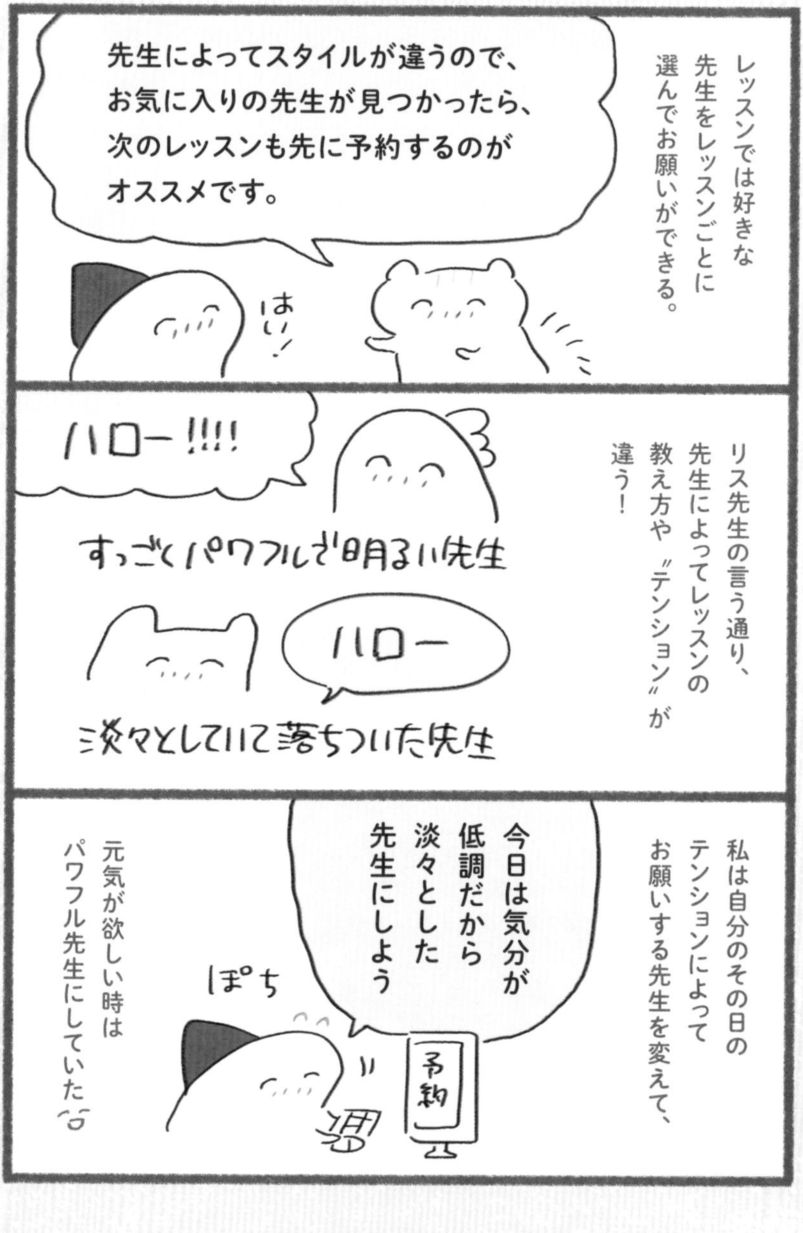
レッスンでは好きな先生をレッスンごとに選んでお願いができる。
先生によってスタイルが違うので、お気に入りの先生が見つかったら、次のレッスンも先に予約するのがオススメです。
はい!
リス先生の言う通り、先生によってレッスンの教え方や〝テンション〟が違う!
ハロー!!!!
すっごくパワフルで明るい先生
ハロー
淡々としていて落ちついた先生
私は自分のその日のテンションによってお願いする先生を変えて、
今日は気分が低調だから淡々とした先生にしよう
ぽち
予約
元気が欲しい時はパワフル先生にしていた

◆レイン

英会話での、ある日のトークテーマは「寒い日の過ごし方」。
先生はどう過ごしますか?
フィリピン人の先生
私はホットチョコレートを飲みながら映画を見たり、悲しい音楽を聴くかな。
特に雨の日…部屋の中から窓をつたう雨を見るのが好きなの。
雨の日がスキって新鮮でステキです…!
過ごし方もなんだか映画みたい…
フィリピンはドライかレイニーシーズンしかないからね
私は汗かくの苦手で…

フィリピンには雨好きな人が多いんですか？
うーん…
そうでもないかな。雨の日の通学路は足元ぐちゃぐちゃになっちゃうし…
だけど…それでも私は雨の日の通学路がスキだった…
まるでひとりデイドリーム（白昼夢）の中にいるみたいで。
こんなこと言うと恥ずかしいけど、映画の中みたいって思ってたの…
ふふ
本当にそう思いますっ！

あっ…
そういえば…思い出しちゃった。
?
大学4年間、ある男の子と文通をしていて…
色んな話をしたけれど…
とくに私がよく雨の話をするから、彼は私のことを「レイン」と呼んでいたの。

結局一度も会うことはないまま…連絡はいつの間にか途絶えてしまった。
きっと…会えずじまいで、彼も疲れちゃったんだと思う
こうして今私は37歳になったけれど…今も雨が大好きで
雨の日に、ふと私をレインと呼んだ彼のことを思い出す。
そして雨の日に悲しい映画を見ているとね、
なんだか、自分の中の温かさに気付くことができるの

…って喋りすぎちゃったわね
ごめんなさい、もう授業時間終わっちゃう…！
るるる
いえっ…とてもステキなお話でしたっ…!!
レッスン後…
……
ステキすぎて言葉を失う
先生のおかげで…次の雨の日が待ち遠しくなったステキな25分だったな…
英会話レッスンって…深い…!!
ディドリーム…もう単語覚えたよ…!!
本での学びだけでなく誰かとの〝会話〟だから一層記憶に残った

ついに次のレッスンで模擬面接ですね
そこで…これ、作ってみました
さっ
えっ!! 何ですか?
それはなんと…
こっ…これは!!
Question 1:
Please tell me about yourself.
あなたのことについて教えて下さい。
Example answer:
My name is...
私は(　)と申します。
レストランに特化したよく聞かれる質問例と回答例!!
お寿司に詳しい方に聞いて作りました この質問に添って答えを練習してみて下さいね
そんなことまで…!
先生…!!
私の夢の道のりは先生との二人三脚だ…!

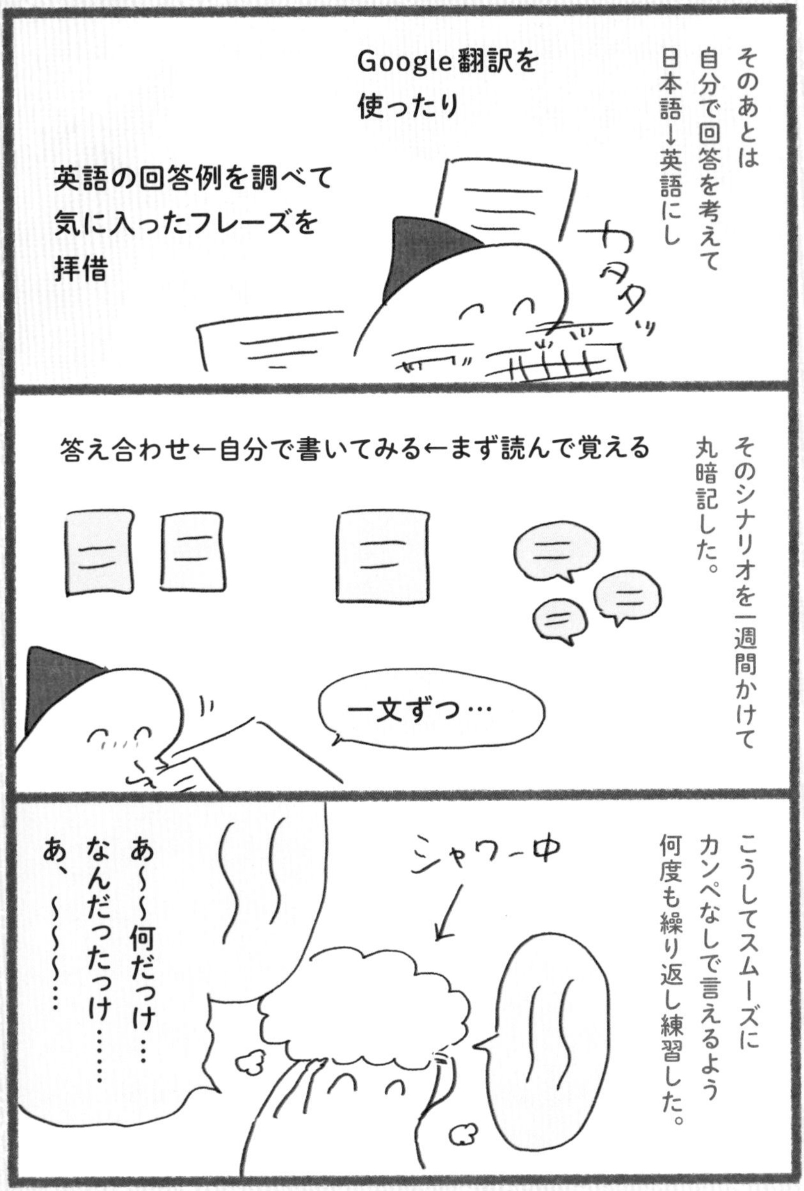
そのあとは
自分で回答を考えて
日本語↓英語にし
Google翻訳を
使ったり
英語の回答例を調べて
気に入ったフレーズを
拝借
カタタッ
そのシナリオを一週間かけて
丸暗記した。
答え合わせ←自分で書いてみる←まず読んで覚える
一文ずつ…
こうしてスムーズに
カンペなしで言えるよう
何度も繰り返し練習した。
シャワー中
あ〜〜何だっけ…
なんだったっけ……
あ、〜〜〜…

Column

Google翻訳の使い方

自然に翻訳されやすい日本語入力のコツ

1 主語をつける

「私が」「彼女が」「友達が」など主語を入れないと、
IやYouで変換された文章が作られる。

2 できるだけ1文は短く

「、」で繋いだ長文を入力するよりも、
できるだけ短い文を複数入れる方が良い。

3 敬語の文章を入れる

方言や喋り言葉ではなく、
敬語の書き言葉を入力すると正しく翻訳されやすい。

4 最後に逆翻訳して確かめる

翻訳された英文を、最後に英語→日本語へ翻訳し
誤りがないか確認する。

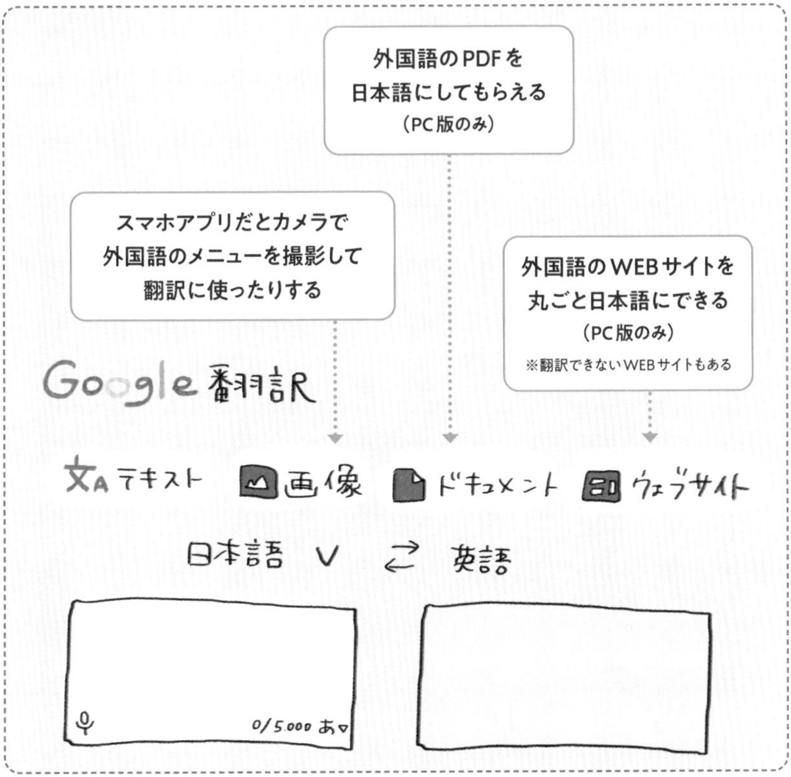
外国語のPDFを
日本語にしてもらえる
（PC版のみ）
スマホアプリだとカメラで
外国語のメニューを撮影して
翻訳に使ったりする
外国語のWEBサイトを
丸ごと日本語にできる
（PC版のみ）
※翻訳できないWEBサイトもある
Google翻訳
テキスト
画像
ドキュメント
ウェブサイト
日本語
英語
0/5,000

WEBサイト翻訳の味方「Google Chrome」

Google Chromeの拡張機能に「Google翻訳」という機能がある。これを使えば、外国語のWEBサイトが自動的に日本語に翻訳されるのでとても便利!

私もこの機能を使って、毎日海外のニュースサイトを見ている。詳しい設定方法は「Google Chrome　翻訳　拡張機能」と検索してみて下さい。

そして迎えた…
模擬面接当日!!
ついに…!
キンチョーします…!
リラックス!
では、面接官役を始めますね
Please tell me about yourself!
(あなたのことについて教えて下さい)
My name is...
(私の名前は…)
Why do you want to work here?
(なぜあなたはここで働きたいのですか?)
I want to work here because...
(私がここで働きたいのは…)
こうして緊張しつつも
カンペなしで全ての
質問に答え切り…

わああっ
でっ…できたっ!!!!
2人で歓喜!!
とてもすばらしかったですね！ 1つアドバイスがあるとすれば…
本番の面接ではもっとチカさんの言葉で伝えてみて下さい！
今回は内容を伝えようと、難しい単語を使っていましたよね
indispensable element
必要不可欠な要素
少し堅い印象なのと、使い慣れていないので所々つまってしまっていました
たしかに…！

ぜひ、簡単でいいのでチカさんが知っている言葉を使って話して下さい
important
"大切な" など
大切なのは、正確さよりも流暢さです
知っている単語で話すようにすれば当日予想外の質問が来ても答えられるし
シナリオを忘れちゃった!と焦ることもなく自然と話せると思いますよ
ありがとうございます そうします!!
…チカさん、ここまで本当によくがんばりましたね
私とのレッスンは今日が最後ですが…

チカさんなら、絶対大丈夫です！
お寿司職人の夢、応援してます！
先生…！
こうして、無謀だと思っていた英語面接が「できそう」に変わり
先生！ありがとうございました！
ペコリ
夢に、大きく近づいた学び直しの3カ月だった。
やれば…できる…！
何歳になっても、何かをやり直すのに遅すぎることはないんだと思えた3カ月だった。

Column

お寿司屋さんで使う英単語

（ネタ）を頂けますか?
Can I have（ネタ）, please?

マグロの握りを2貫頂けますか?
Can I have two pieces of tuna nigiri, please?

大トロ
fatty《ファッティ》 tuna《ツナ》

マグロ
tuna《ツナ》

マグロ赤身
lean《リーン》 tuna《ツナ》

中トロ
medium《ミディアム》 fatty《ファッティ》 tuna《ツナ》

うなぎ
eel《イル》

ホタテ
scallop《スカロップ》

しめ鯖
pickled《ピクルド》 mackerel《マッカレル》

茶わんむし
steamed《スチームド》 egg《エッグ》 custard《カスタード》

納豆巻き
fermented《ファーメンティド》 soybeans《ソイビーンズ》 roll《ロール》

ガリ
pickled《ピクルド》 ginger《ジンジャー》

醤油
soy《ソイ》 sauce《ソース》

わさび
wasabi《ワサビ》

のり
seaweed《シーウィード》

緑茶
green《グリーン》 tea《ティ》

Can I have green tea, プリーズ

握りはnigiriのまま、
巻きはroll（ロール）!

Can I《キャナイ》 have《ハブ》 〜? はカフェやレストラン、
お土産屋さんまで、常に使えるフレーズ!

Column

よく使う副詞

副詞とは、 ある言葉や文章をより詳しく描写する言葉たち。

really《リアリィ》 （本当に）	This sushi is really delicious. （この寿司は本当においしいです）
very《ヴェリィ》 （とても）	I'm very hungry. （私はとてもお腹が空いています）
already《オルレディィ》 （すでに）	We've already ordered our beer. （私たちはすでにビールを注文しました）
always《オルウェイズ》 （いつも）	The staff here is always friendly. （ここのスタッフはいつも親切です）
usually《ユージュアリィ》 （たいてい）	I usually come to this restaurant on the weekend. （私はたいてい週末にこのレストランに来ます）
sometimes《サムタイムズ》 （ときどき）	Sometimes I like to try new dishes. （ときどき、新しい料理を試してみたいです）
actually《アクチュアリィ》 （実際は）	I actually prefer rice over pasta. （実は私はパスタよりもご飯が好きです）
fortunately《フォーチュネイトリィ》 （幸運にも）	Fortunately, they still have my favorite dessert. （幸運なことに、まだ私の好きなデザートがあります）
unfortunately《アンフォーチュネイトリィ》 （不幸にも）	Unfortunately, the shop is closed. （不幸なことに、店は閉まっています）
honestly《アネストゥリィ》 （正直に言うと）	Honestly, I'm not a fan of spicy food. （正直に言うと、私は辛い食べ物が好きではありません）
personally《パーソナリィ》 （個人的には）	Personally, I think the sushi here is great. （個人的に、ここの寿司は素晴らしいと思います）
maybe《メイビー》 （たぶん）	Maybe we can order a sushi rolls to share. （たぶん私たちは巻き寿司を注文して分けられるかもしれません）

今の私にとって英語とは、かっこよくミスなく話すためではなく…コミュニケーションを取って、意思疎通を図るためにある…！

Part 2

おしごと英語

English for Work

◆英文キャリアシート

お寿司学校の先輩と話している時…
そういえばチカさん、英語のキャリアシートまだ作ってないの？
つッ…作ります！
まだまだ先だと思っていたキャリアシートを作り始めることにした。
ネットでフォーマットを調べ、作った内容をチェックしてもらったら…
あれ、チカさんフィンランド語できますよね？
なんで何も書いてないの？
海外就業にくわしいアドバイザーさん
いえっ全然…!! 挨拶とか、小さなリアクションだけしかできないので、書く程でもないです
チカさん、それは関係ないです!!
エビンッ
少しでもできることがあるなら、胸を張って書くべきです！海外就業なら尚更です！

謙遜する気持ちも理解できますが、海外のライバルたちは「少しできる」こともアピールしています…
もちろん嘘はダメですけど、謙遜して「何もできない」ことになるのは勿体ないですよ
特にフィンランドのように人口の少ない国では、「自国に興味関心を持ってくれている」こと自体嬉しい要素になりますし
胸を張って、言い切っていいと思います
わっ…分かりました！初級ですって書きます!!
ぐっ
ぐー！
謙遜しすぎず、自信を持つマインドも大切だ。

お寿司修業と英語の勉強を続けつつ、毎日の求人チェックをしていたら…
えっ!!! この求人…!!
フィンランド人オーナーさん お寿司シェフ募集 ビザサポートあり
求人
理想の求人を見つけた。
震える手で応募すると
応募ありがとう、明日面接しましょう
WEBで!
フィンランド人の面接官さん
明日!?
「上手くいく時はトントン拍子に進むもの」というジンクスを信じたくて
わっ… 分かりました! 明日お願いします!
ドッドッ
時間稼ぎはせず24時間後に人生初の英語面接を受けることにした。

◆はじめての英語面接

約束通り…翌日、人生初の英語面接が始まった。
Moi!(こんにちは) Hausuka tutustua!(はじめまして!)
↑ 勉強した少しのフィンランド語
わぉ、フィンランド語が話せるんだね…
少しですが…フィンランドが大好きで、ロンケロもサルミアッキも好きです!!
冒頭はフレンドリーなフリートークから始まり…
続いてお店の説明と、価値観のすり合わせ。
僕たちは北欧と日本の文化を合わせたスタイルでお寿司以外も作るけど、チカもやってみたいと思う?
本格志向の日本料理人だとミスマッチが生じてしまう
もちろんです!むしろ私は現地ならではの料理が覚えたくて貴店に応募しました!

次に、矢継ぎ早にシャープな質問をいくつか聞かれた。
OK。じゃあ君のスキルを教えて。寿司以外には何ができる？
何か質問ある？
ラストの逆質問まで、20分強のスピード感。
はっ早いッ!!!
質問にはは答えられているけれど…このスピード感で、自分の熱意は伝わっているのかな…!?
このお店の面接には、他にも経験値の高い40、50代の寿司シェフも進んでいた。
絶対…後悔したくない!!
あっ…あの…最後に質問ではなくお伝えしたいことがありますっ…!!

この機会は…私にとってとてもＢＩＧだと思っています…
ユニークで優秀なシェフが集うフィンランドの店で…若くしてカウンターに立つことも、オープニングから皆で店を作れることも
その全てが、私の寿司職人としてのスキル上達につながると思っています
きっと他にも有力な候補者がいると思いますがっ…
私に足りないものは早く学びます！
よろしくお願いします
ハハ
大丈夫。チカ、きっとここで会おう
こうして私のはじめての英語面接は終わり…

1週間後、オファーレターが届いた。
Chika、一緒に働こう。
〝夢って…叶うんだ。〟そう思えた瞬間だった。
数カ月前まで…私が英語面接を受けられるのはずっと先のことだと思っていた。
えっ!!! 決まった!? すごいです!
はいっ… 本当に運にめぐまれました…
チカさん…流れ星を見てすぐに願いを言えるのは願う準備ができている人だけです だからきっと…チカさんは、願う準備ができていたんだと思います
学び直しの3カ月が…一瞬の流れ星に飛び乗る勇気をくれたのだと思う。

Column

英語面接で使えるフレーズ

よく聞かれる質問フレーズ

Tell me about **yourself.**（あなたのことについて教えてください）

Have you ever **worked overseas?**（海外で働いたことはありますか?）

Why **do you want to work here?**（なぜこのお店で働きたいのですか?）

Which types of **fish can you prepare?**（どんな種類の魚の仕込みができますか?）

What are your future goals **as a sushi chef?**（寿司職人としての将来の目標は?）

回答に使えるフレーズ

I was working for **a company in Tokyo for 10 years.**
（東京の会社で10年間働いていました）

I was in charge of **recruiting and interviewing.**
（採用と面接を担当していました）

From the experience, **I learned teamwork.**
（その経験からチームワークを学びました）

I can **cut a 25cm fish in under 10 minutes.**
（私は 25cm の魚を 10 分以内に捌くことができます）

In the future, I want to be **a Omakase style sushi chef.**
（将来的にはおまかせスタイルの寿司シェフになりたいです）

There are three reasons.（3つ理由があります）

May I **tell you my motivation at the end?**
（最後に私の動機をお伝えしても良いですか?）

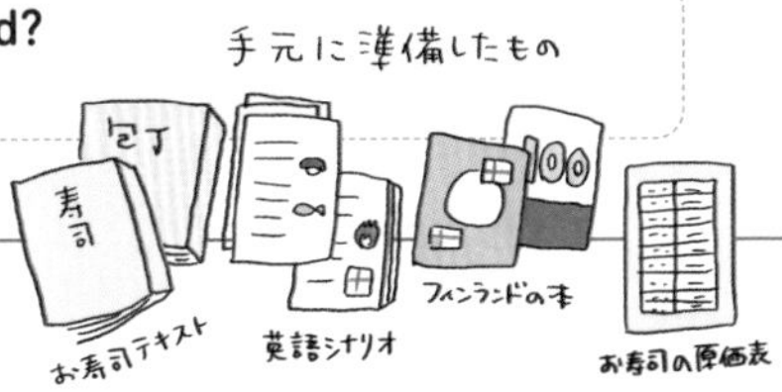
手元に準備したもの
包丁
寿司
お寿司テキスト
英語シナリオ
フィンランドの本
お寿司の原価表

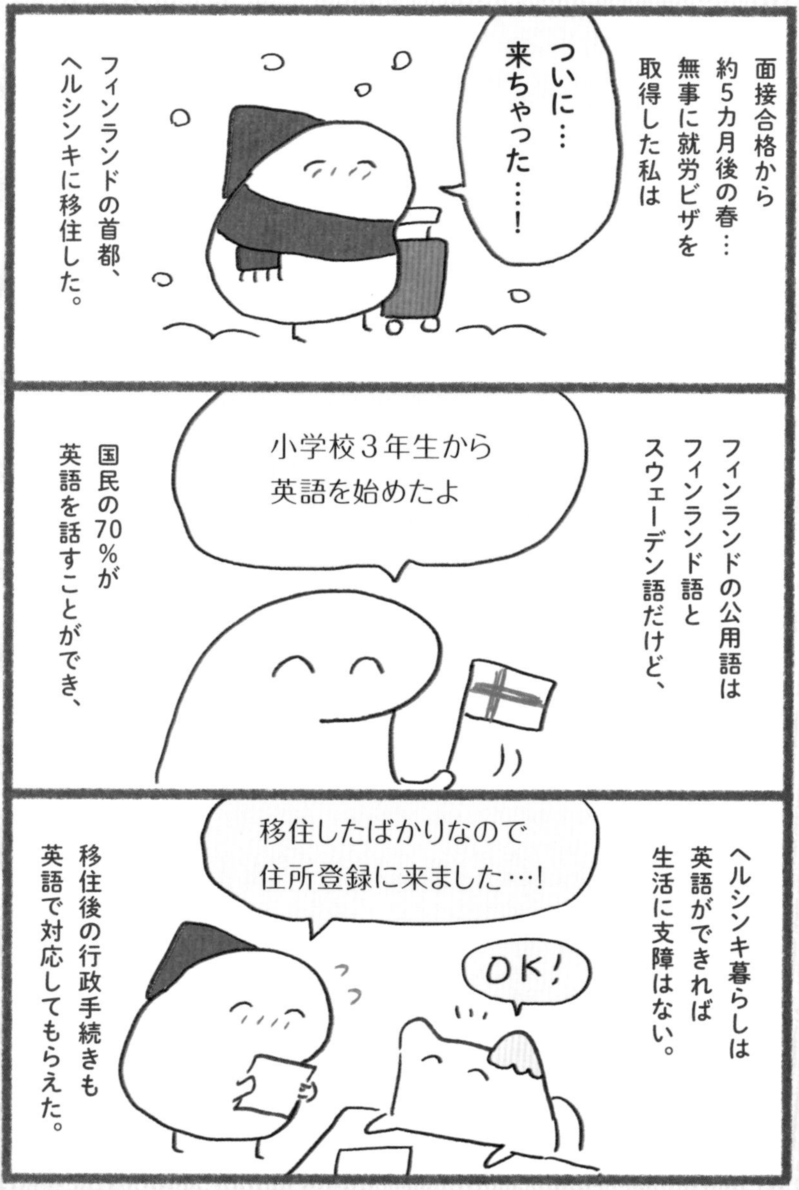

面接合格から
約5カ月後の春…
無事に就労ビザを
取得した私は
ついに…
来ちゃった…！
フィンランドの首都、
ヘルシンキに移住した。
フィンランドの公用語は
フィンランド語と
スウェーデン語だけど、
小学校３年生から
英語を始めたよ
国民の70％が
英語を話すことができ、
ヘルシンキ暮らしは
英語ができれば
生活に支障はない。
移住したばかりなので
住所登録に来ました…！
OK！
移住後の行政手続きも
英語で対応してもらえた。

さらに働き始めたレストランでは外国籍シェフも多く〝キッチン公用語〟は英語。
フィンランド ロシア
スウェーデン フランス
日本 ネパール ベトナム
私の働いていたお店は7割がフィンランド人、3割は外国籍だった。
ある時、寿司シェフの面接に来た候補者さん。
英語は一切話せません!
お寿司できます
でもフィンランド語と日本語と中国語が話せます!
すごい!
しかし英語話者の上司と意思疎通ができず不採用になってしまった。
フィンランド国内でフィンランド語ができても…多国籍な職場では英語が必要なんだ…!
国際的な職場ならではのリアルを知った出来事だった。

◆スシマスター

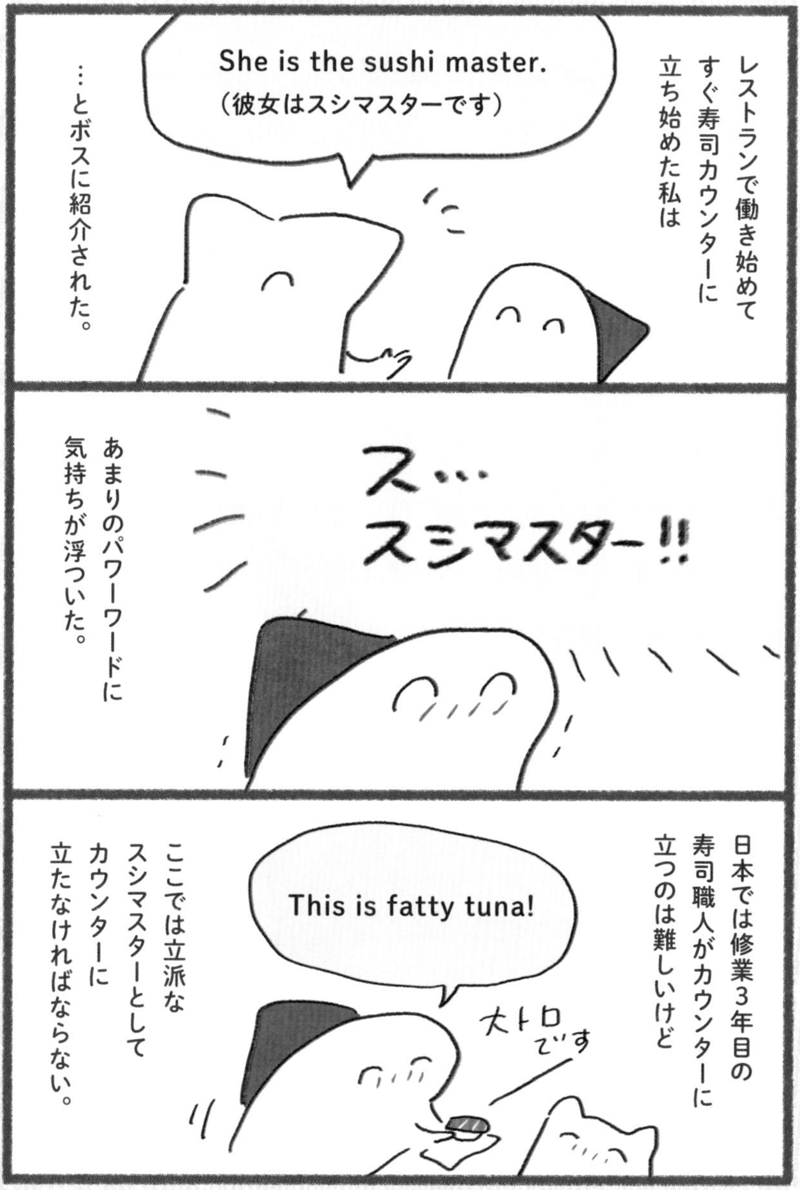

レストランで働き始めて
すぐ寿司カウンターに
立ち始めた私は
She is the sushi master.
（彼女はスシマスターです）
…とボスに紹介された。
ス…
スシマスター!!
あまりのパワーワードに
気持ちが浮ついた。
日本では修業3年目の
寿司職人がカウンターに
立つのは難しいけど
This is fatty tuna!
大トロです
ここでは立派な
スシマスターとして
カウンターに
立たなければならない。

さらに私が働き始めた
お店はシェフ自らコースを
プレゼンし、お客様との
会話も楽しむスタイル。
ぺら
ぺら
チカも来週からやってね。
えっ!!
もちろん私にそんな英語
プレゼンスキルは無いので…
あっ… 今日ボスのプレゼン
録音させて下さい!
もちろん!
ス…
iPhone
録音データを書き起こして
シナリオを作り、
模擬面接の時と同じように
丸暗記した。
かき
かき
できないことは多いけど、
できるように努力する
引き出しは持ち続けたい。

◆フィンランド人と英語

フィンランドの人って何でそんなに英語が話せるの？
第2言語なのに…！
テレビだよ！
みんな決まって、このセリフを言う…！
フィンランドのテレビは吹き替え版があまりないから、外国映画は全て字幕なんだ
英語
それで、子供の頃からテレビで流れる英語が当たり前だったんだよね

日本は声優さんも多いし、吹き替えコンテンツが充実しているよね
うらやましいな
英語をあびる字幕の良さもあるね…！
あとフィンランドは人口が少ないから、自国の言葉だけでは危機感もあるかな…！
必要性を感じるッ
英語ができれば、その分見られるコンテンツもできる仕事も増える！
英語が話せると世界が広がるね
英語すごい
本当だね
私たちがこうして話せているのも英語のおかげだね

初出勤の前は不安でいっぱいだったけど…
胃が痛い…
英語スキル大丈夫かな…
相手が言ってる言葉分かるかな…!
現場に出ると…
プレオープンまですぐだから!!
メニューはコレ!! 作ってみて!!
分からないとか言ってられない状況!!!
目の前で実物を見ながらコミュニケーションが取れる仕事だったこともあり
Like this?（こんな感じ?）
Thicker!（もっと厚く）
Like this?
言葉だけでなく実物や写真などの「視覚情報」も駆使してとにかく話した。
Like this? すごい多用した

文法や単位を意識する間もない

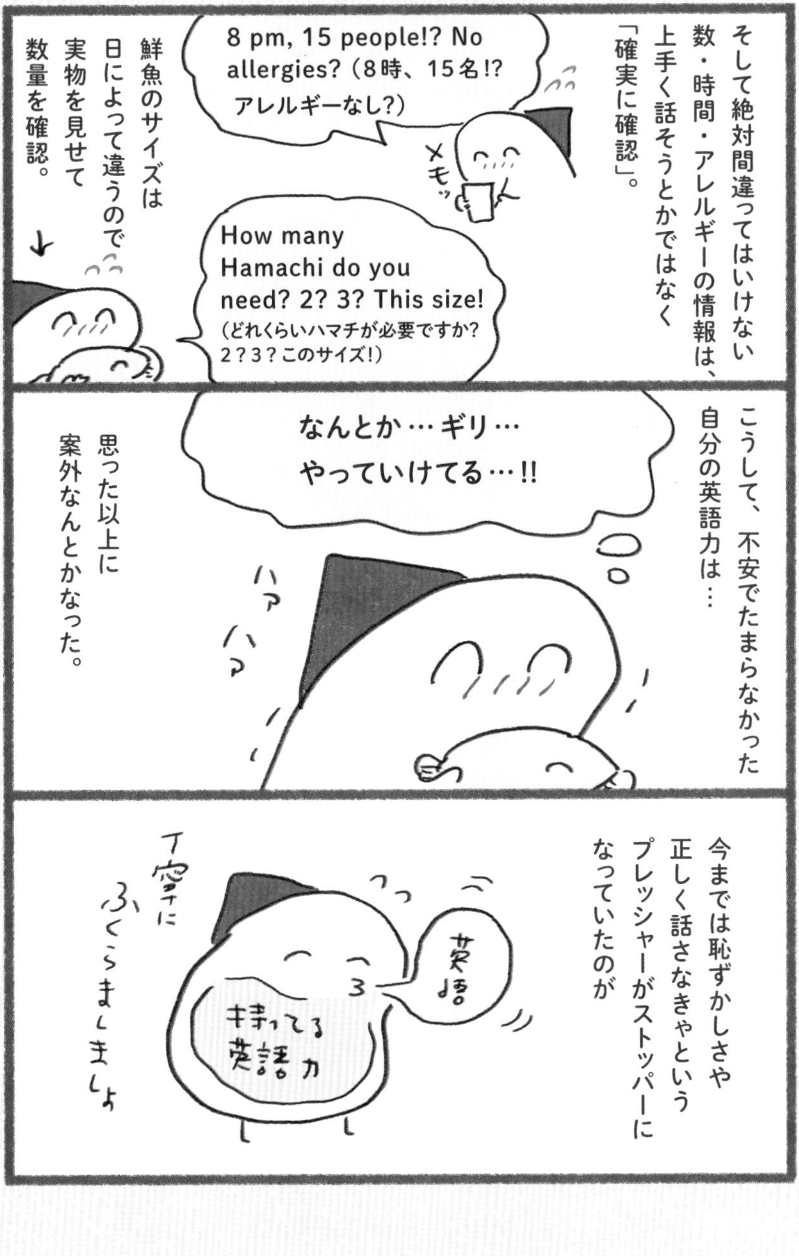

生きるためにとにかく
全ての持てるスキルを
出しきれ!!という
状況になったことで
ドバッ
ぎゅううう
ムンズッ
中身（英語力）は変わって
いないにもかかわらず
えっ!!チカ、すごい英語話せるようになったね!?
久々に会った友達
生きるために話さなきゃいけなかったから…
最初の1カ月目で、飛躍的に
英語を話せるようになった。
今の私にとって英語は…
かっこよくミスなく話す
ためではなく…
コミュニケーションを取って意思疎通を図るためにある…!!!
こうして
長年抱えていた
英語コンプレックスが、
少しずつ溶けるのを感じた。

◆場を制す者

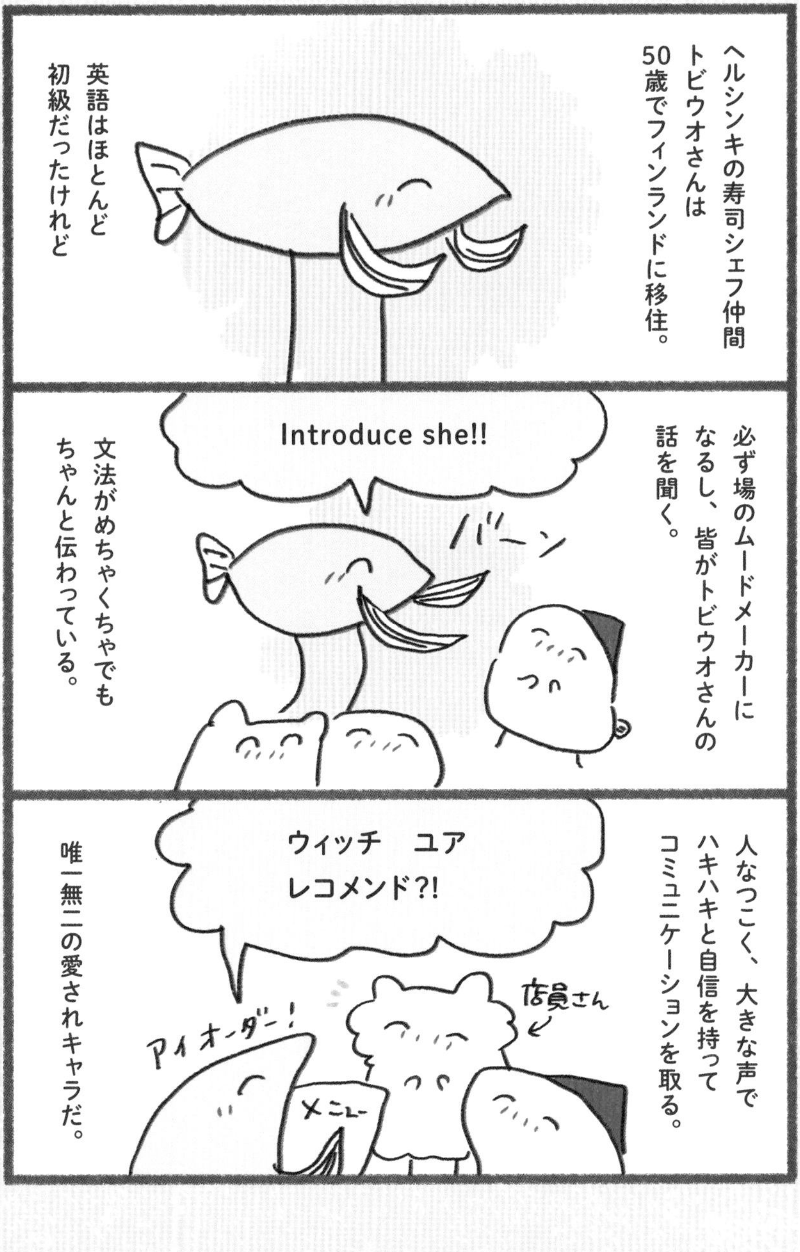
ヘルシンキの寿司シェフ仲間
トビウオさんは
50歳でフィンランドに移住。
英語はほとんど
初級だったけれど
必ず場のムードメーカーに
なるし、皆がトビウオさんの
話を聞く。
Introduce she!!
バーン
文法がめちゃくちゃでも
ちゃんと伝わっている。
人なつこく、大きな声で
ハキハキと自信を持って
コミュニケーションを取る。
ウィッチ　ユア
レコメンド?!
店員さん
アイ オーダー！
メニュー
唯一無二の愛されキャラだ。

Column ※

会話で必要になった文法について

文法書で一通りの文法を学んだけれど、いざ本番の会話になると「使わない」という選択をしてしまう項目もあった。

それでも何とか生きているということは、最低限必要なラインを見極めながら取捨選択した結果なのかもしれない。

もちろん、全てできることに越したことはない。

けれど「英語面接を受ける」というゴールは同じだったとしても、それが「3年以内」なのか「3カ月以内」なのかによって、学習プロセスや学習範囲は変わってくる。

〝目指し方は「目指すゴール」×「到達したい期日」により変化するものだ〟と先生は言った。

余裕がない中で取捨選択しながらも、学んだ文法の中で私がとくに「会話で必要だった文法」をピックアップするとこんな感じだ。

好きじゃない)

ことがある)

行ったことがない)

行くべきです)

素晴らしい寿司を作ってくれた)

ついて話し合った)

タイヤのような味がした)

ました)

このレストランに来た)

寿司を食べることを楽しむ)

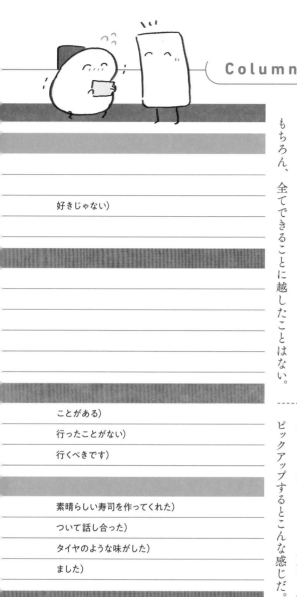

	会話で使う例文
◆ さまざまな文のかたち	
UNIT 1　be 動詞と一般動詞の区別	I am a sushi chef.（私は寿司シェフです）
UNIT 2　be 動詞の否定文・疑問文	I am not a student.（私は学生ではありません）
UNIT 3　一般動詞の否定文・疑問文	I don't like this restaurant.（私はこのレストランが
UNIT 6　命令文	Be careful!（気をつけて）
◆ 時制と時間表現	
UNIT 7　be 動詞の過去形	I was a student.（私は学生だった）
UNIT 8　一般動詞の過去形	I went to a restaurant.（私はレストランに行った）
UNIT 9　一般動詞の過去形の否定文・疑問文	I didn't go to a restaurant.（私はレストランに行かなかった）
UNIT 10　未来の表現	I will go to a restaurant.（私はレストランに行くつもりです）
UNIT 11　進行形	I'm going to a restaurant.（私はレストランに行くところです）
◆ 完了形と助動詞	
UNIT 12　現在完了形	I have been to this restaurant.（私はこのレストランに行った
UNIT 13　現在完了形の否定文・疑問文	I have never been to this restaurant.（私はこのレストランに
UNIT 14　助動詞の使い方	You should go to this restaurant.（あなたはこのレストランに
◆ 文型のポイントと受動態	
UNIT 15　自動詞と他動詞	The chef made us wonderful sushi.（そのシェフは私たちに
UNIT 16　まぎらわしい他動詞と自動詞	We discussed the new menu.（私たちは新しいメニューに
UNIT 17　第 2 文型と第 5 文型	Salmiakki tasted like salty tires.（サルミアッキは塩っぱい
UNIT 18　受動態の作り方	The sushi was made by him.（その寿司は彼によって作られ
◆ 不定詞と動名詞	
UNIT 21　不定詞の副詞的用法	I came to this restaurant to eat sushi.（私は寿司を食べるために
UNIT 23　動名詞の使い方	I enjoy eating sushi at restaurants.（私はレストランで

※『新ゼロからスタート英文法』（J リサーチ出版）を参考に作成

(寿司を食べる人々を見てください)

(私の隣に座っている人は私のボスです)

(あなたが昨日作ったパイを持ってきましたか?)

(あなたは彼女が泣いている理由を知っていますか?)

(これは私が寿司を作るのに必要なものだ)

(もし私がフィンランドにいたらサウナに行くだろう)

(フィンランドにいられたらよかったのに)

(マグロはサバより大きいです)

(そのシナモンロールは私がこれまで見た中で一番大きいです)

(私は英語を話せないけど、海外を旅行する)

(このレストランの全てのシェフは白いユニフォームを着ている)

(マグロのお寿司を2貫い頂けますか?)

(なんて美しい寿司なんだ!)

	会話で使う例文
◆ 分詞と分詞構文	
UNIT 24　現在分詞と過去分詞	Look at the people eating sushi.
◆ 関係詞	
UNIT 27　関係代名詞の主格	The person who is sitting next to me is my boss.
UNIT 29　関係代名詞の目的格	Did you bring the pie which you made yesterday?
UNIT 30　基本的な関係副詞	Do you know the reason why she is crying?
UNIT 33　関係代名詞のwhat	This is what I need for making sushi.
◆ 仮定法	
UNIT 34　仮定法の基本	If I were in Finland, I would go to the sauna.
UNIT 35　I wishとas if	I wish I were in Finland.
◆ 比較	
UNIT 36　比較級	Tuna is bigger than mackerel.
UNIT 37　最上級	The cinnamon roll is the biggest I have ever seen.
◆ 接続詞とその他の重要事項	
UNIT 39　等位接続詞と従位接続詞	I can't speak English, but I'm traveling abroad.
UNIT 40　前置詞	All the chefs in this restaurant are wearing white uniforms.
UNIT 41　不可算名詞	Can I have two pieces of tuna nigiri, please?
UNIT 42　感嘆文	What a beautiful sushi!

◆MOCHI

こんなこともあった。
昔働いていた北欧音楽の会社で海外アーティストをアテンドした時…
コンサートの無い日は観光案内もする。
デリシャス…!!
This is MOCHI…
もちん
毎回、コンサートで使える簡単な日本語をメモに書いてレクチャーしていた。
one more time は日本語で何て言うの？
“もう一度”と言います
mou ichido!
ズイ
そしてコンサート当日…
MOCHI—!!!
ん もち!?
アーティストが精一杯モチと叫んだ。

あっ、あ、ミステイク！
モ、モウイチドー!!!
ドッ
それが盛大にウケた。
本人は恥ずかしがっていたけれど、皆が笑顔になりCD物販も大盛況！
アリガトウゴザイマス
オオオ…
サインプリーズ！
文化へのリスペクトと一生懸命さが伝われば、時に正しさは関係ない。
オーサカサイコー!!
ワオ!!!
メモ使ってる…
ふふ
そんな勇気を教わったライブステージだった

◆ブロークンイングリッシュ

Column

現地で聞いたブロークンイングリッシュ

人称代名詞

I introduce she!

（正：I'll introduce her!）

時制

I go shopping yesterday!

（正：I went shopping yesterday!）

単数形と複数形

I am student!

（正：I am a student!）

be動詞

My hobby, dancing!

（正：My hobby is dancing!）

◆難易度の高い交渉

日常的なコミュニケーションには慣れてきたけれど
職場の課題点と改善点
労働時間や契約の見直し
移民局や税金の問い合わせ…
生きていると、どうしても「難易度の高い交渉」が発生する。
アアア…
プシュー
私の英語スキルでは内容がシンプル化してしまうので、細かなニュアンスを伝えたい交渉ごとの時は大変だ。
誤解のないよう慎重に進めたい…
だけど私の中にボキャブラリーがなさすぎる…!!
そんな時は「事前メール」を用いて乗り切る。
伝えたいことを予め日本語でまとめ
↓
英語に翻訳し
↓
先に相手にメールする
Google翻訳
AI
カタカタッ

そして直接会った時
改めて内容を確認すれば、
今朝メールでお送りした件なのですが…
念のため印刷した✉も持参
見たよ!
難易度の高い交渉もなんとかできた。
また、交渉ごと以外に生活上の緊急事態の対応も必要になる。
中耳炎が悪化し片耳が聞こえなくなった時
苦手な電話で診察予約をしなきゃいけない…
そんな時も予め伝えたいことを英文にして電話し
読んでる
診察の時も英文を見せ乗り切ることができた。
症状や要望を英文にしたものをケータイで見せる
Pain…
オオ!

◆丸腰ノルウェー出張

時はさかのぼり大学卒業後22歳で北欧の音楽会社に就職した頃…
チカさん、1人でノルウェー行ってきて!
上司
高校英語のまま1人ノルウェー出張に行くことになった。
仕事の内容は、ノルウェーで行われる伝統音楽のショーケースを見て…
ノルウェー政府が年に1回行ってるイベントなんだ勉強になると思うから、気負わず行ってみて
次に日本に呼びたいミュージシャンを発掘するというものだった。
実際に行ってみると世界中から音楽プロモーターが集まっていて
アジア人…
わたしだけ…!
そして最年少…!

好意で呼んでもらった
飲み会では一言も
話せなかった。
ワイワイ
私…なぜここに
いるのだろう…
ちょこん…
気まずい間を埋めるため、
すごく時間をかけて
ちびちびビールを飲んだ
しかし、私にはどうしても
挨拶をしたいノルウェーの
アーティストがいた。
あの人だ!!!
日本でCDを聴いて、
絶対にいつか一緒に
仕事をしたいと思っていた。
あ、あの…
わたし日本の…
えっと…
?
懸命に話しかけたが、
緊張もあいまって
全く手応えがなく…

こ…このままで帰れないよ!!
と思った私は…
ダッ
トイレにかけこみ
!?
想いのたけを手紙にしたためた。
翻訳機
わアアアアッ
カリリリリッ

そして再び…
あ、あの‼
さっきは上手く話せなくて…コレ、お手紙を書いたので読んで下さいっ！
WOW
いつか日本に行きたいよ！ありがとうね
昔は一度目の挑戦で失敗すると「もうダメだ」と自分の英語力を責めて殻にこもってしまったけど…
一度目がダメなら、言い回しや伝え方を変えて、二度目のチャレンジをしてもいい。
またメールします！
コミュニケーションは一発勝負ではないのだ。

◆英文ビジネスメール

社会人になりたての頃
○○様
いつもお世話になっております.
○○の件に
つきまして
カタタタッ
同じ日本語でも、ビジネスメールって独自のマナーや書き方があるんだね…
海外アーティストとの英語メールのやりとりもあったので
英語でよろしくお願いします。やご検討の程とか…どう書くのッ…!?
カタタ
同じようにに調べてメールを組み立てると…
できた!
Dear ...
相手を気遣う文
本題
締めの言葉
Best regards,
Chika
予定を聞くだけなのに文量がすごい…

しかしノルウェー人アーティストからの返事は…
Hi chika!
I'm free in February.
Best,
Emma
短ッ…!!!
日本のビジネス文化は細かな配慮や敬意が大切にされるけど、海外では簡潔で効率的なメールが好まれるかな
上司
北欧の人たちは特に短い気がする
そうだったんですね…!
ビジネスメールにもお国柄が出る
ちなみに私のフィンランド人の友達は、日本風ビジネスメールの話が大好き。
チカ、あの話して!
LOVE
OK
いかに私のビジネスメールの文章が丁寧で長かったかを説明するようリクエストされる
詳細に部署を名乗り…時に季節に触れ…検討に予め感謝し、長文を詫び…

Column

定型登録していたメール文たち

海外クライアントとのやりとりでは、相手に負担をかける依頼や難しい出演料の交渉をすることも多かった。言語を問わず連絡するのに勇気が必要な内容だけれど、日本の丁寧な表現は難しいテーマを優しく包み「メールを送る勇気」をくれた。この丁寧な文章は相手への気遣いだけでなく、私にとって「難しい英語メールを書く時に、気持ちが楽になるお守り」でもあったのだ。

ある時、来日したアーティストが日本全国で手厚いもてなしを受け「チカの丁寧なメールは、日本文化そのものだったんだね」と嬉しそうに納得していた。日本らしい丁寧なメールは、海外クライアントにとって来日前から少しずつ日本文化を知る良い機会になっていたのかもしれない。

万事順調にお過ごしのことと存じます。
I trust all is well with you.

はじめてご連絡させていただきます。
I have the pleasure of writing to you for the first time.

レコーディング依頼の件でご連絡いたしました。
Today I'm writing to you regarding a recording request.

まるであなたとペンパルになった気分です。
I almost feel like we are becoming pen pals!

添付ファイルにてお送りいたします。
I am going to attach it to this email.

先ほどのメールに添付を失念しておりましたので再送します。
Sorry, I forgot to attach the file. Here it is.

ファイルを受け取りました。
I received your file.

お手数をおかけしますが…。
We appreciate your prompt attention to this matter.

返事が遅くなり申し訳ございません。
I'm sorry for my late reply.

進展があり次第ご連絡します。
• I'll keep you posted if I hear anything new.
• I will let you know about it.

12月16日に写真についてメールしましたが、まだお返事をいただいておりません。
できるだけ早く写真をお送り頂けますか。
(催促メール)
I sent an email to you on December 16 asking for a photograph.
However, I have not heard from you yet.
Would you please send a photo as soon as you can?

ご検討のほど宜しくお願いいたします。
Thank you for considering our request.
We look forward to your response.

お手数をおかけします。
I appreciate your prompt attention to this matter.

何なりとご質問下さい。
Please feel free to ask any questions.

今後何かお役に立てることがありましたら遠慮なくお知らせ下さい。
If I can be of any help in the future, please do not hesitate to contact me.

貴重なお時間を頂き有難うございます。
Thank you for your valuable time.

ご協力に感謝いたします。
- **I'd appreciate your support.**
- **I really appreciate all your help.**

以下の通りお答えいたします。
I will comment on the following.

確認ができ次第すぐにお返事いたします。
We are now confirming this, so please give us some time.
I will reply as soon as possible.

度々失礼いたします。
Sorry to bother you again.

これは前回のメールに書き忘れたことです。
This is something I forgot to include in my last mail.

もう1つ教えて頂けますか。
- **May I ask one more question?**
- **There's something else I need to ask.**

質問にお答え頂きありがとうございます。
Thank you so much for answering all my questions.

言葉が上手く話せないからといって、何もできない訳じゃない。なんとかなるし…なんとかする!

Part 3

暮らしの英語

English for Daily Life

フィンランドで生活を始めて戸惑ったことの1つは…
あ、コンセントつながってない!
コンセント…?アウトレットのこと?
?
えっ!コンセントって英語じゃないの!?
英語っぽい和製英語!
あとは微妙に発音が異なって通じない単語も。
トリュフどこですか?
トリュフ…?何…?
トリュフ…!!
ト…?
トリュフッ
同じ発音だと思い込んでいた分間違いに気付きにくかった。
※truffleは「トラッフル」という発音に近い。
そしてある日、私は目撃することになる。
HIDA GUY
(飛騨牛)
CHAWANAMUSHI
(茶わんむし)
きゅっ
ボスが作ったメニューにスペルミスがあり…

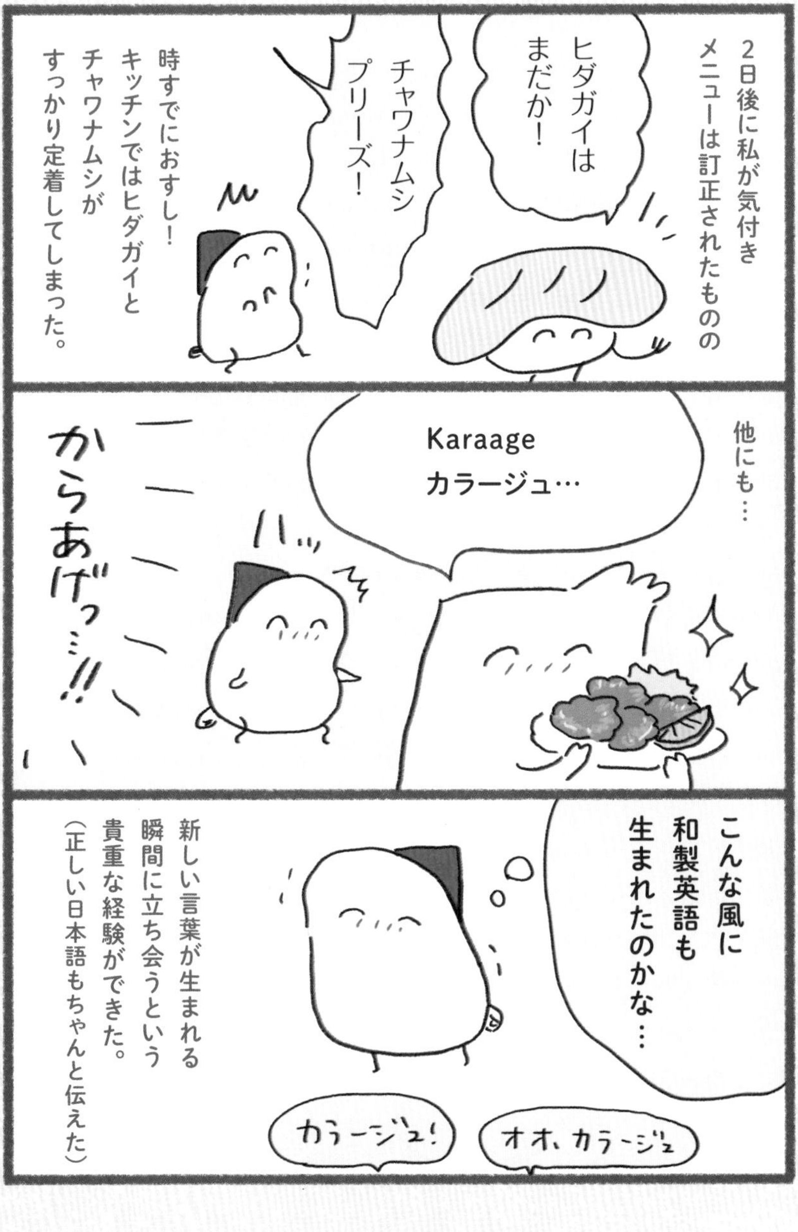
2日後に私が気付き
メニューは訂正されたものの
ヒダガイはまだか！
チャワナムシプリーズ！
時すでにおすし！
キッチンではヒダガイと
チャワナムシが
すっかり定着してしまった。
他にも…
Karaage
カラージュ…
ハッ
からあげっ!!
こんな風に
和製英語も
生まれたのかな…
新しい言葉が生まれる
瞬間に立ち会うという
貴重な経験ができた。
（正しい日本語もちゃんと伝えた）
オオ、カラージュ
カラージュ！

◆ジャパングリッシュ

日本食レストランだったこともあり、同僚たちには日本好きも多く、ジャパングリッシュが大好評だった。
俺のお気に入りジャパングリッシュがあるんだよ
スッ
ブラピ!
ブラッドピット?
ブラッドピット…!!!
最高…!!
レットイットビー?
Let it be
テッパン
ズイ
なになに!?
レットイットビー!!
もっと聞かせて!!
マクドナルド
ふふ
チャーミング!!
WOW
マクドナルド!!
サイコー!
東京で「関西弁話して!」と言われるのに似ているなと思った。

Column

ややこしかった身近な和製英語

英語だと思っていた和製英語		英語ではこう言う
ペットボトル	➡	plastic《プラスティク》 bottle《バトゥル》
シール	➡	sticker《スティカァ》
ピーマン	➡	green《グリン》 pepper《ペパァ》
ホットケーキ	➡	pancake《パンケイク》
パーカー	➡	hoodie《フーディ》
ズボン	➡	pants《パンツ》 (イギリス英語では pants =下着のパンツ)
ワンピース	➡	dress《ドゥレス》
クーラー	➡	air《エア》 conditioner《コンディショナァ》

パンツ…!

おまけ

日本好きの
フィンランド人の友達の
お気に入り
日本語ジョーク(?)

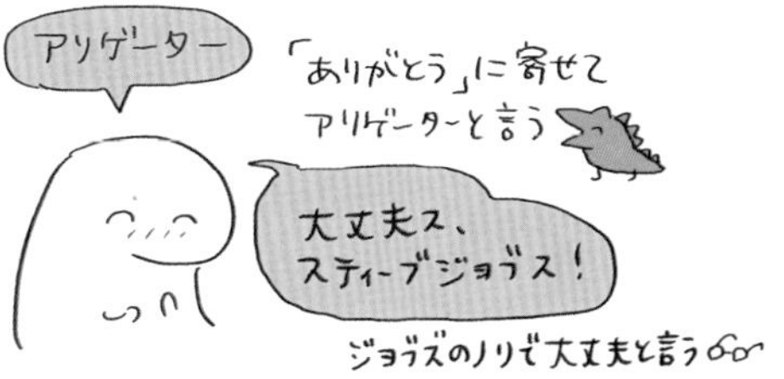
アリゲーター
「ありがとう」に寄せて
アリゲーターと言う
大丈夫ス、
スティーブジョブス!
ジョブズのノリで大丈夫と言う

Column

クールなジャパニーズアクセント

同僚たちとの会話でも、よくジャパニーズアクセントで盛り上がった。

たとえばbanana（バナナ）、coffee（コーヒー）、multivitamin（マルチビタミン）はアメリカ英語だと「ブネァーナ」、「カゥフィ」、「モォルティ ヴァイタミン」のような発音になる。

しっかり母音を発音する日本語ならではの音は、同僚のお気に入りだ。

さらに私が「ジャパニーズアクセントの魅力」に気付いた動画がある。

「Japanese Accent Channel. Since 2006」さんのYouTubeチャンネルの、映画マトリックスのセリフをジャパニーズアクセントで読み上げる「Accent Lesson: Matrix in Japanese accent」という動画だ。

2024年3月時点で185万回再生されており、「なんて最高なんだ!」「ジャパニーズイングリッシュが好きすぎる」「クールサムライアクセント!」など、世界各国からのコメントが並んでいる。

サンキュー
ベリーマッチ!
クール サムライ
アクセント!

日本でも関西弁が好きな人、博多弁が好きな人がいるように、その土地ならではの英語アクセントに魅力を感じる世界線もあるようだ。

◆誇れるネイティブ

関西弁といえば、学生時代に国際的な大学の寮に住み始めた頃…
ペラ
ペラ
帰国子女の友達
カナダ人
みんなもう英語が話せてる！
みんなレベル高くて圧倒されちゃった…
ズーン
仲よくなった同級生↓
うちらにも誇れるネイティブ言葉があるやん!!
KANSAI JAPANESE…
関西弁…!!
本も見つけた
KANSAI JAPANESE
兵庫出身
大阪出身

こうして私達は大学寮で「関西弁を教える」という拠り所を見つけた。
NANDEYANEN！
WOW
お笑い好きのカナダ人に大ウケ
ジーニアス…！
六甲おろしを歌いながらたこ焼きパーティをする
自分にとっては当たり前の地元文化も、留学生にとって貴重なものだと知った。
くるくる
私もその後外国語のマニアックな方言を知れると〝通っぽい〟感じがして嬉しくなった。
ふふ…
あの頃の関西弁講座が好評だった理由が分かる気がする…

ちなみに大学4年間で〝標準語〟が上手くなった。
ほんまに!?
?
留学生はテキストで標準語を学ぶので、関西弁だと通じなかったのだ。
あっ…本当?
言い換え
ハイ!!
相手が学んだ方法に合わせて、自分の話す日本語を変えることもコミュニケーション方法の1つだ。
その結果…
えっ!?
チカさんって関西人だったんですか!? 関西弁出ないですね
今もたまに仕事先で言われる

◆フィンランドなまり

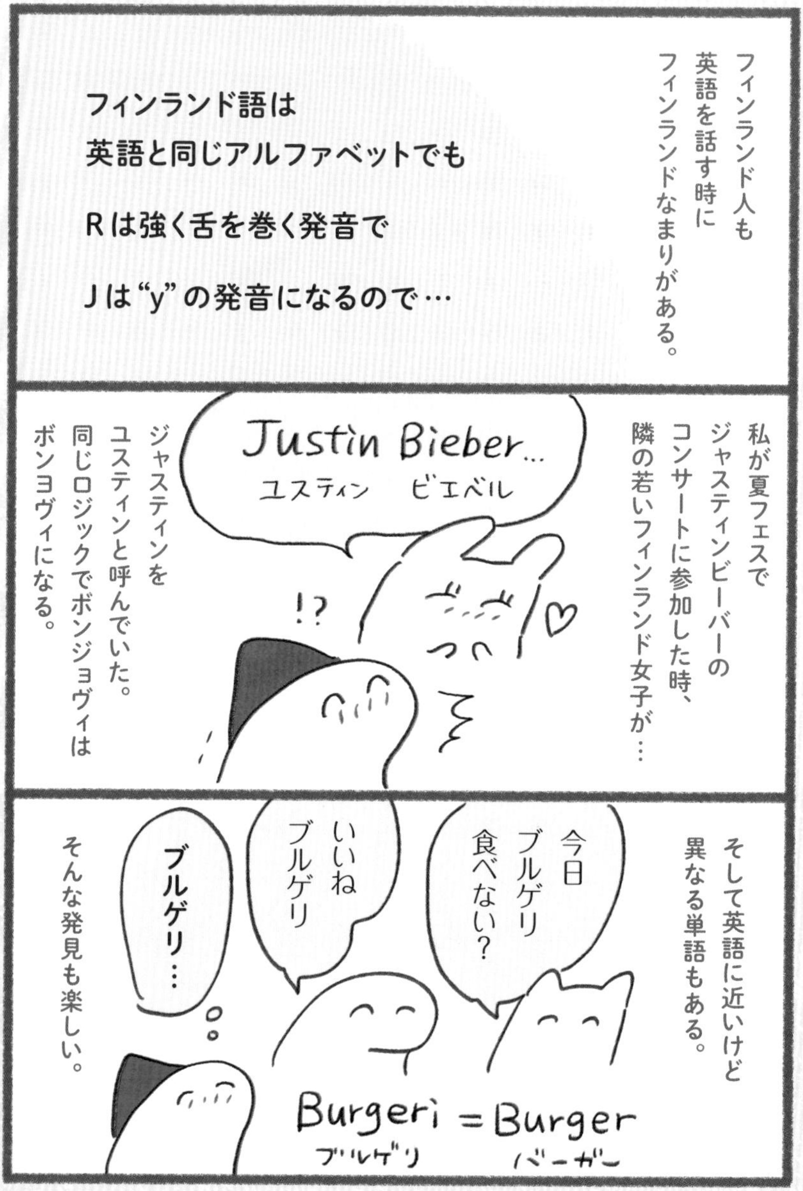
フィンランド人も
英語を話す時に
フィンランドなまりがある。
フィンランド語は
英語と同じアルファベットでも
Rは強く舌を巻く発音で
Jは"y"の発音になるので…
私が夏フェスで
ジャスティンビーバーの
コンサートに参加した時、
隣の若いフィンランド女子が…
Justin Bieber…
ユスティン ビエベル
!?
ジャスティンを
ユスティンと呼んでいた。
同じロジックでボンジョヴィは
ボンヨヴィになる。
そして英語に近いけど
異なる単語もある。
今日 ブルゲリ 食べない?
いいね ブルゲリ
ブルゲリ…
そんな発見も楽しい。
Burgeri = Burger
ブルゲリ バーガー

韓国人のきつねさんは、大学で知り合った親友だ。
きつねさんの今までの人生についてもたくさん教えてもらった。
韓国で本を出したこともある有名な旅行家だった。
会話は日本語、メッセージは韓国語でやりとりするコミュニケーションで
居酒屋で学んだ荒々しい日本語
ワテはさァ！
きつねさんは日本語だと豪快なキャラだった
そんなきつねさんと、日本で一緒に本を出版するというプロジェクトを始め…
キンチョーする…
だな…
ドキドキ
はじめて一緒に出版社のアポイントに同席した時のこと…

出版社の方
きつねさんの韓国語の原稿は、来春までに入稿可能ですか？
きつねさん、本は5カ月で書ける？
日本語
うん
日本語
大丈夫。前に書いたのあるし、おじいちゃんいるからな
5
以前韓国で出版した原稿を使用可能なので、来春までに入稿できます。権利についても問題ない旨確認済です
きつねさんの祖父が日本語の研究者のため、原稿の日本語訳もこちらで実施可能です
…という「日本語の通訳」をするシーンがたくさん生まれた。

ミーティングのあと…
丁寧に話すのキンチョーするッ！
ありがとうッ…
ワテ、チカには日本語めちゃくちゃ話せるのに…！
たしかに…！今までは2人きりで話すことが多かったから気付かなかったけど…
おじいちゃんのことも、原稿のことも…
私はきつねさんのバックグラウンドを知ってるから、きつねさんが1言えば10分かるし…
きつねさんの頭の中にある〝語彙〟を知ってるから、難しい単語を言い換えて確認できたんだね。
来春→6カ月後
入稿→書き終わる
たしかに！

この経験から、私自身も英語で話す時に…
ペラペラ
めちゃ難しい英文
ペラペラ
すみません。簡単な英語で言い直して頂けますか…！
まだ十分分からなくて…
あっ！
OK!!
やさしい英文
スララ
Thank you!
英語が話せる人たちには「簡単に言い換える」という引き出しがあることを知ったことで、こんな依頼ができるようになり、気持ちが楽になった

◆もっと難しく

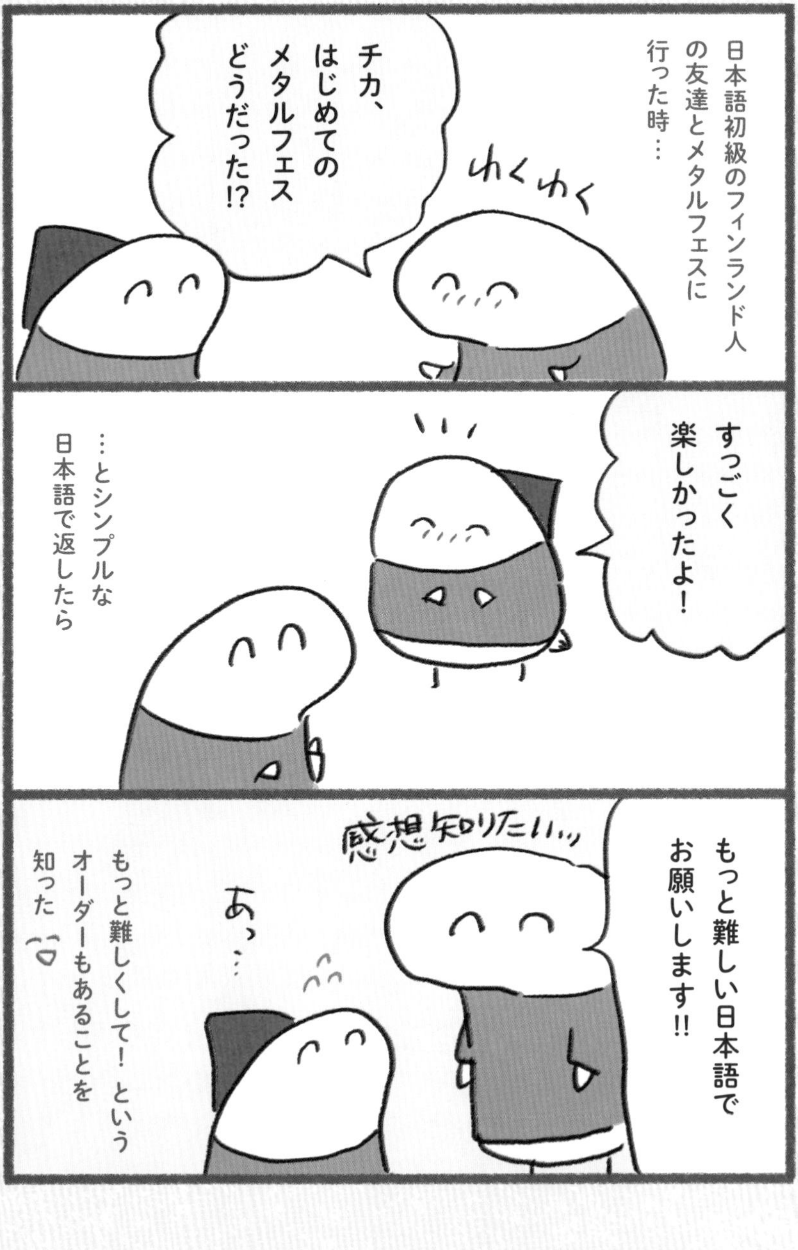
日本語初級のフィンランド人の友達とメタルフェスに行った時…
チカ、はじめてのメタルフェスどうだった!?
わくわく
すっごく楽しかったよ！
…とシンプルな日本語で返したら
もっと難しい日本語でお願いします!!
感想知りたいいっ
あっ
もっと難しくして！ というオーダーもあることを知った

◆絵がある

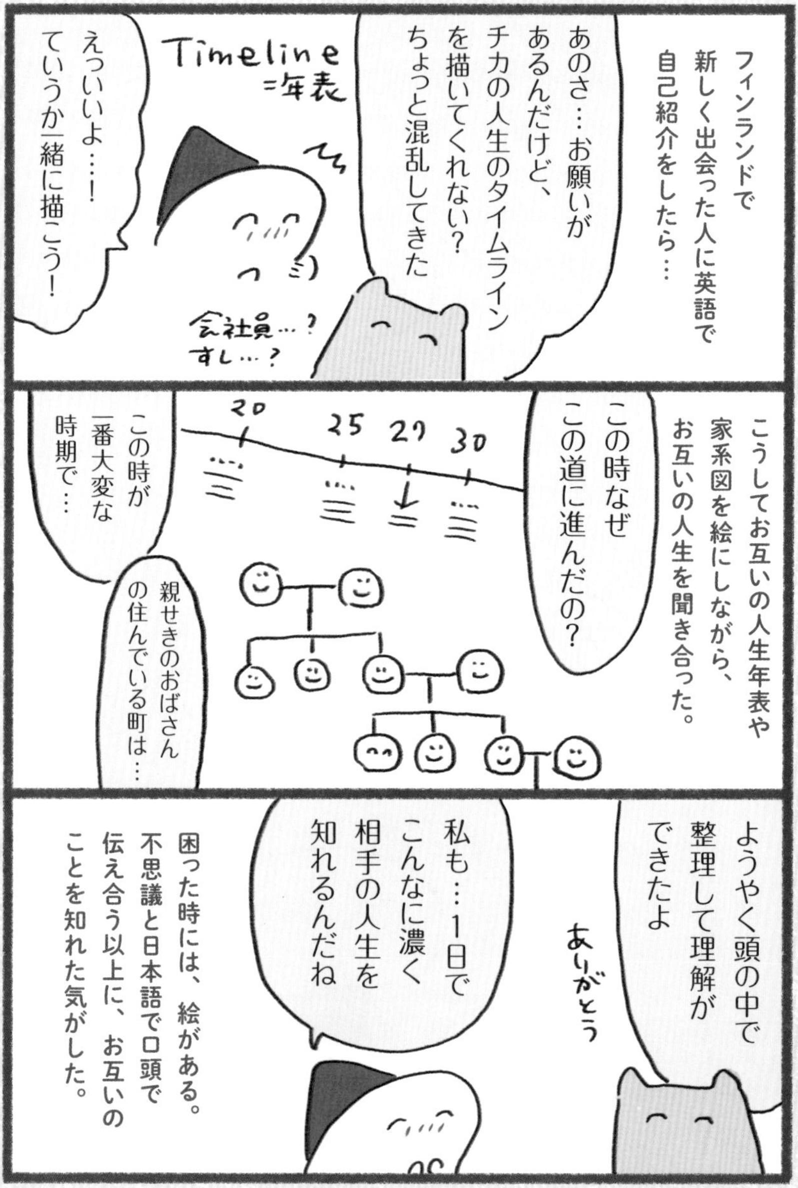

フィンランドで新しく出会った人に英語で自己紹介をしたら…
あのさ…お願いがあるんだけど、チカの人生のタイムラインを描いてくれない？ちょっと混乱してきた
Timeline =年表
会社員…？ すし…？
えっいいよ…！ていうか一緒に描こう！
こうしてお互いの人生年表や家系図を絵にしながら、お互いの人生を聞き合った。
この時なぜこの道に進んだの？
20 25 27 30
この時が一番大変な時期で…
親せきのおばさんの住んでいる町は…
ようやく頭の中で整理して理解ができたよ
ありがとう
私も…1日でこんなに濃く相手の人生を知れるんだね
困った時には、絵がある。不思議と日本語で口頭で伝え合う以上に、お互いのことを知れた気がした。

日本人同士でも共通認識があれば、語彙が失われていても通じる瞬間あるね…！
あれあれ!!あの時のアレ!!
あ〜アレな!!
逆に…
次の車はインターナルコンバスチョン・エンジンで…
ペラペラ
今乗ってるジャガーはFRなんだけど…
へー…ほー…？
すごく車が好きなフィンランド人
何言ってるか1ミリも分からないッ…!!!
ごめんッ…
という瞬間もある。

インターナル
コンバスチョン・
エンジンって何…!?
日本語をググる↓
内燃機関…!?
日本語にしても
分からないっ…!
車について無知な私には、
そもそも英語以前に日本語
ですら知らない専門用語も
あるので無理ゲーだった。
同じ趣味や共通点の
ある人とは話しやすいと
感じたのは…
知ってる知識の重なりが多い!
語彙を補う
「阿吽の呼吸」が
あったからかもしれない。
思い返すと、人材業界の
法人営業として働いていた頃、
明日のアポイントは
システムエンジニアの
採用についてか…
必要なプログラミング
言語は…コボル!?
はじめて聞いた!
ふむ
ふむ
日本語であっても
知らない業界や
仕事の話をするのは
日常茶飯事だった。

そんな時は〝事前準備〟をすることでお客様と話をすることができた。
貴社の社内システムで使用するCOBOLについてですが…
商談の9割は事前準備にかかっていた。
話が分からないのは英語の語彙力の問題なのか、それとも知識の問題かを見定めるのも大切だ。知らない知識は日本語で調べておくと…
今日はジャガーの会に行くから、事前にジャガーについて調べておこう…！
カタタッ
多少単語が分からなくても〝推測〟ができるようになる。
ジャガーの親会社は今は違ってて…
タタ・モーターズだよね
ああ
事前準備で阿吽の呼吸は作れる

Column

コミュニケーションについて

「コミュニケーション」と一言で言っても、その中には様々な種類がある。

コミュニケーションの相手

- 一対一コミュニケーション：一対一の対話
- グループコミュニケーション：小グループや大グループでの対話

コミュニケーションの目的

- ビジネスコミュニケーション：ビジネス対話、メールや報告書の作成
- 対人コミュニケーション：一対一の対話、対人関係の構築
- 公共コミュニケーション：プレゼンテーション、メディアでの発言
- 家庭内コミュニケーション：家族間での対話、メモや手紙

コミュニケーションの種類

- 口頭コミュニケーション：会話、プレゼンテーション、電話会議
- 書面コミュニケーション：メール、手紙、レポート、メモ
- 非言語コミュニケーション：身体言語、表情、視線、ジェスチャー

こうして細分化してみることで「自分にとって必要なコミュニケーション」がより具体的に見えてくると同時に、自分自身の得意・不得意なコミュニケーションスタイルも自覚することができる。

私にとって「大勢の前で口頭でプレゼンをする」難易度は高いけれど、「1人の相手と書面or口頭で会話する」のは自分に合っていて安心してスタートすることができた。

口頭でのコミュニケーションで足りない部分は、非言語コミュニケーションで補った。「察する」というカルチャーを持つ日本人は、非言語コミュニケーションに敏感な人も多いような気がする。

非言語コミュニケーションの種類はたくさんある。たとえば…

- ジェスチャー：手や体の動きで感情や意図を示す。
- 姿勢：姿勢で自信や不安、リラックスなどを表現する。
- 動作：動きや仕草で情報を伝える。
- 顔の表情：嬉しさ、驚き、怒りの感情を表現する。
- 目の表情：視線の方向や強さで感情や関心を示す。
- 視線の方向と強さ：相手との視線の交わりで信頼や興味を示す。
- 視線の動き：特定の対象に視線を向けることで関心を表現する。
- 接触：握手、ハグなどの身体的な接触で感情や関係性を示す。
- 距離感：相手との距離がコミュニケーションに影響を与える。
- 声のトーン：音の高さや低さ、リズムで感情や態度を表現する。
- 速さと音量：話す速さや音量で情報を伝える。
- 適切なタイミング：会話や行動のタイミングで情報の受け取り方に影響を与える。
- 服装や身だしなみ：服装や外見で個人の価値観やスタイルを示す。
- 身の回りの持ち物：持ち物や環境で個人の好みや趣味を示す。

上手くコミュニケーションが取れなかった時「もうダメだ！」と全てを否定する必要はない。

その時に上手くいかなかったのはどの分類のコミュニケーションかを観察してみると「ああ、たしかにこれは普段慣れていないスタイルだったな」と気付くこともでき、今後の学習テーマにもつながっていく。

全てを完璧にしようとしすぎず、自分だけの学習テーマを大切にしながら、時には自分の「得意」なコミュニケーションスタイルにも頼りつつ、英会話を楽しんでいけたらいいなと思う。

おまけ

フィンランドでは相槌を打たずに相手の話を聞くが、今まで通り「聞いていますよ」の思いやりとして相槌を打っていたら、「相槌が気になって集中できない、話を遮られているような気持ちになる」と逆に居心地を悪くさせてしまったことがある。非言語コミュニケーションやジェスチャーは国によって異なるので、相手の文化を知ることも大切だ。

英語オンリーで初対面の人と長時間話すのは今でも緊張する。
明日はじめて友達の家族に会うけど
長時間のパーティらしい…
ドキ
ドキ
きっと上手く話せないだろうな…
〝話せなくても大丈夫な準備〟をすることにした。
言葉で伝えられなければ写真を見せたらいいよね
例えば「姿造り」を知らない人に英語で説明するのが難しくても…
Chika作姿造り!
写真なら一目瞭然!
想定される話題にまつわる画像を集め…
予め携帯に〝話題アルバム〟を作った。
家族
日本文化
ペット
旅行
料理
仕事
これで話題には困らないだろう…!

さらに助けられたのが…
旅の指さし会話帳!!
神…
旅の指さし会話帳
35
フィンランド
紙の本も電子版もある。
イラストとフィンランド語で指さしながら会話ができる。文化についてのページもあり、フィンランド人が見るだけでも楽しくて好評だった。
Mikä on perinteistä suomalaista ruokaa?
(フィンランドの郷土料理は何ですか?)
そんな質問まで!
韓国語版やフランス語版など海外旅行の度に買ってる…!!
ある程度まで勉強をしたら、足りない分は「できない準備」をすることで、不安を減らせるかもしれない。
急に話せるようにはなれなくても…補完できる術を探せばいいんだ
たのしかった…!

Column

話題アルバムの使い方

Do you want to see my ○○ photos?
私の○○の写真見たい?
Yes!

写真例

Travel Photos

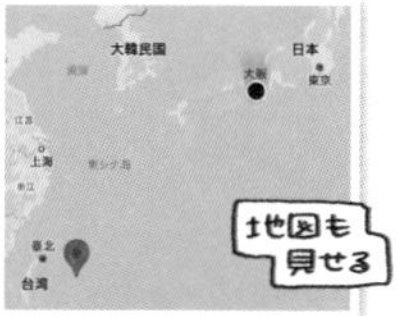
大韓民国
日本
東京
上海
台北
台湾
地図も見せる

Sushi Photos

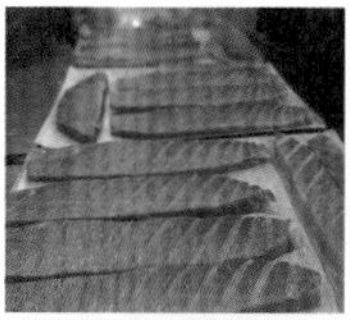

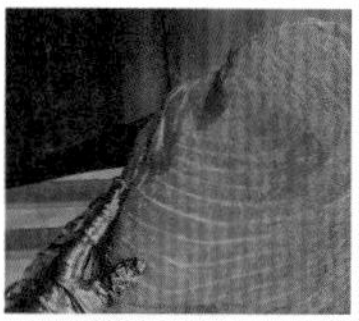

会話例

I went to Hateruma Island during summer vacation.
(夏休みは波照間島に行きました)

This is the southernmost island of Japan.
(これは日本で最も南にある島です)

I could swim with sea turtles and go fishing.
(海亀と泳いだり、魚釣りができました)

I like buying dinner at small local shops like this.
(こんな感じで地元の小さな売店で夕飯を買うのも好きです)

This tuna arrived last week.
It's 25 kilograms.
(先週このマグロが届きました。25キロあります)

I cut it into small pieces like this.
(それをこんな感じで小さく切りました)

I also practice at home.
(家でも練習をしています)

This is the "sugatazukuri" cutting style.
(これは姿造りという切り方です)

Like this! (こんな感じ!)
と写真に頼るな
そして
This is... (これは...)
と指をさしながら
説明したりする。

テキストだけでやりとりをしていたフィンランド人のペンパルと会うことになった。
ずっとネットで話してたから
はじめて会う気がしないなあ
Let's meet!
でもペンパルは…本当の私の英語力を知らないだろうな…!
えッ!?
そう…テキストベースのチャットなら翻訳機が使えるけれど、直接となれば話は別だ…!!
相手は私がテキストと同じくらい話せると思っているはず…
プ…プレッシャー…
等身大以上のスキルを期待されているかも、と少し心配になったけれど…

こういう時、背伸びして
〝分かっているフリ〟をする
ことほど大変なことはない。
ペラペラペラ
アー…
ハン…
?.?.
ミコミコ
わァアンどうしようッ
分かったフリをして
間違っちゃいけない、と
自分にプレッシャーを
かけるほど余計に
話せなくなりがちだ。
なので私は初めから
しっかりお腹を見せる。
私…!!まだ上手に
話せないんですッ…!!
でもすごく楽しみですッ!!
腹
緊張してる時も「緊張してます…!」って言う
そうすることで
「上手くしなきゃ」という
プレッシャーが減るので
精神的に楽になるし
さっきの
もう一度
聞いていい？
もちろん
分からないことを
分からないと言いやすい
雰囲気にもなる

海外の友達と話をしていると…
このリンゴ今から食べるー
へえー！朝ごはん？
うん、そうだよ！
へえ～…
……
なんかもっと聞いた方がいいかな…
Sweet!
ムシャムシャ
もっと広げた方がいい!?
質問…質問…
なぜか英語で話していると、自分で会話が終わると申し訳なくなったけど…

う〜ん…
でもこれ…
たとえば日本語
だったら…
へー！
おいしそー！
…で終わってるよね。
それに普段の
日本語の会話だって…
昨日ねこが
2足歩行してさー
え!!
すごい!!
そのまま
腕の中まで
歩いてきたんだ！
かわいい〜！
ほぼ
リアクションで終わってる!!
リアクションさえ
取れれば会話できると
気付いた私は…
Today's apple!
Looks delicious!
ふふ…
リアクション表現の
レパートリーを増やすことで
会話しやすくなった。

Note　リアクション表現

I'm so pleased / glad to hear that!　それを聞けて嬉しい!

I feel great / wonderful / fantastic!　すばらしい気分です!

I'm super happy!　最高!

It's too good to be true.　嘘みたいだ。

That's hilarious《ヒラリアス》!　めっちゃウケる!

Great! Awesome!　すごい!

I'm so sad.　悲しい。

I'm so sorry about that.　お気の毒に…

That's too bad.　残念ですね。

It must be tough / hard / difficult for you.　ツラいですね。

I know how you feel.　気持ちが分かるよ。

I don't know what to say.　何と言ったら良いか…。

Don't worry.　大丈夫だよ。

It happens.　そういう時もあるよ。

Don't let it get you down.　そのことで落ち込まないで。

You made it! / You did it! やったね!

Good job! / Good doing! よくやったね!

Well done! でかした!(少し上から目線?)

Congratulations! おめでとう!

Good for you! よかったね!

Oh my! ええ!

What a surprise! びっくり!

I'm surprised! ショック!

No way! まさか!

Are you kidding? 冗談でしょ?

Are you sure / serious? 本当に?

Uh-huh. うんうん。

I see. なるほどね。

Is that right? へえ、そうなんだ!

I hope so. そうだといいね。

You are / do? そうなの?

You must be tired. おつかれでしょう…

You must be nervous. 緊張するでしょう…

That must be tough. それはキツいね…

That must be fun! それは楽しそう!

That must have been nervous. 緊張したでしょう…

That must have been fun! 楽しかったでしょう!

I know! 分かる!

I think so too! / I agree! 同感です!

That's right. / Exactly. その通り。

Sounds good! いいね!

Of course! / Why not? もちろん!

リアクションを極め、英語での一次的な〝受け身〟ができるようになったけれど…
aww… cute!
でもやっぱり…本当の気持ちは日本語の方が圧倒的にノルのだ!!!
あアアアアッ… かわいい〜!!!
それに、他の国の友人たちがおいしいものを食べた時だって…
ハッ… 好吃〜!!!
ヒュッ… hyvä!!!
言葉が分かんなくても、心がこもったリアクションですっごくおいしいのは伝わってくる…。

なので、一番最初の第一声のリアクションは心がノル日本語で言うこともあるし、その方が伝わる気がする。
おっ おいし〜!!!
そして私は仲よくなった海外の友達には「私がめちゃくちゃ使う日本語」を早い段階で教える。
おいしい means delicious in Japanese!
自分にとって自然な言葉での受け身は、英会話をもっと心地よくリラックスできるものにしてくれた
このシナモンロール、お母さんの手作りなんだ
え!?すごい!!

Column

日本語ティーチングリスト

基本的に全てこのフレーズで説明してしまう。
（日本語）means（英語）in Japanese.

すごい！

"Sugoi" means "amazing, or wonderful" in Japanese.

かわいい！

"Kawaii" means "cute" in Japanese.

おいしい！

"Oishi" means "delicious" in Japanese.

ありがとう！

"Arigatou" means "thank you" in Japanese.

やばい！

"Yabai" means "amazing, unbelievable, or dangerous" in Japanese. But mainly, I use it as "amazing".
（主に私は素晴らしいの意味で使います）

たしかに！

"Tashikani" means "exactly" in Japanese.

日本語でも
ほぼこのリアクションで
会話が成り立ってる時
ありますよね…
え～すごい!!!
やばいっ
たしかにっ

◆質問の達人

友達と英語で会話をする時…私は予め聞きたいことリストを作っていた。
かき　かき
質問に徹すれば、自分が話さなければならない分量が減ると考えたのだ！
次のホリデー何するの？
ノルウェー行くんだ！
自分の車で…
ということで、質問を書き出して翻訳しておくことで質問の達人になって場を乗り切ることもあった。
お守り…!!
苦肉の策…

Column

会話が弾む質問リスト

食べ物の話　Food Talk

What's your favorite food?（好きな食べ物は何ですか?）

What did you eat today?（今日1日、何を食べましたか?）

Do you usually cook? What have you cooked recently?
（普段は自炊していますか?　最近何を作りましたか?）

Do you eat out alone? Do you have a favorite place?
（1人で外食しますか?　行きつけの店はありますか?）

What kind of dish do you eat on special days? I eat sukiyaki.
（特別な日に食べる料理といえば何ですか?　私はすき焼きです）

趣味の話　Hobby Talk

What's your hobby?（趣味は何ですか?）

How do you spend your weekends?（週末何して過ごしていますか?）

How did you find your hobby?（どうやって趣味を見つけたんですか?）

What was your childhood hobby?（子供の頃の趣味は何でしたか?）

旅行の話　Travel Talk

Have you been to Japan or Asia?（日本かアジアへ行ったことはありますか?）

Which countries have you visited?（今までどんな国を旅行しましたか?）

Where is your favorite place?
（一番のお気に入りはどこですか?）

Have you ever traveled alone?（1人旅をしたことはありますか?）

Do you have plans for the next vacation?
（次の休暇は何をする予定ですか?）

文化の話　Culture Talk

What's the most important event of the year in your country?
（あなたの国の、1年の中で最も大事なイベントは何ですか?）

What's your favorite traditional dish and local food?
（好きな伝統料理は何ですか?　好きな地元の郷土料理は?）

How do you celebrate weddings?（結婚式はどう祝いますか?）

What's your favorite thing about your country?
(自分の国の好きなところは何ですか?)

Can working adults take long vacations in your country?
(あなたの国では、社会人でも長い休暇を取れますか?)

家族の話 Family Talk

Do you have any brothers and sisters?(兄弟姉妹はいますか?)

How often do you see your family?
(家族にはどれくらいの頻度で会いますか?)

What did you do last time when you met your family?
(最後に家族と会った時は何をしましたか?)

Do you have any family traditions or customs?
(家族の伝統や習慣はありますか?)

Do you have any pets?(ペットはいますか?)

家族のこと、仕事のこと、友達のこと、家のこと……日常にまつわる会話で相手を知りながら、慣れてきた頃に「人生観」について聞くのもお気に入りの時間だ。なかなか普段話すことのないテーマだけれど、自分とは異なる価値観や、意外な一面も知ることができ、さらに相手を深く感じられる。私が好きなのは、たとえばこんな質問たち。

ちょっと深い質問

What motivates you?（何があなたのモチベーション?）

What makes you confident?（何があなたの自信になる?）

What kind of person do you want to be in 10 years?
（10年でどうなっていたいと思う?）

What good things happened this week?
（今週起きた良いことは?）

What is the greatest goal you have achieved?
（今まで達成した最高のゴールは?）

What are three things you like about yourself?
（自分の好きなところを3つあげると?）

What did you accomplish this year?（今年は何を達成しましたか?）

What would you do if you had only one day left to live?
（あと1日しか生きられなかったら何をする?）

What is the happiest memory in your life?（人生で一番幸せな思い出は?）

What superpower would you like to have?（どんな超能力が欲しい?）

When was the last time you cried?（最後に泣いたのはいつですか?）

When did you last do something outside your comfort zone?
（最後に自分のコンフォートゾーンを越えたのはいつ?）

What worries you the most about the future?（将来で何が一番心配?）

What's the difference between the public and private you?
（人前の自分と本当の自分はどう違う?）

What was your favorite vacation when you were a child?
（子供の頃に一番好きだった休暇は?）

How do you respond to stress?（ストレスにどう対応する?）

If you had the time and money, what hobbies would you try?
（時間とお金があれば、どんな趣味を試す?）

誰かと短いメッセージのラリーが続いたあと、
キリが良いから、一旦会話を終えよう
〇〇さんも素敵な週末を
ピコピコ
「なんとなく終わり」の雰囲気で使う日本語のフレーズがあるように
なんか良い感じに“終わりの雰囲気”を出せる英文って…!?
英語でも、そんな「終盤の英会話」が必要だと思った。
そこで私がよく使っているのが…
“I hope you have a…!”
「…だといいね！」フレーズ!!!
シンプルかつ万能…！

会話のキリの良い所で
このフレーズを使う
ことで、やわらかく
終わりの雰囲気に。
I hope you have a good day!(よい1日を)
始まり同様、終わりも
大切な会話の一部。
Have a good Monday!
よい月よう日を!
Please rest well tonight Chika!
今夜はよく休んでね
色んな友達の
「終わりの挨拶」を
メモしてレパートリーを
増やしながら
心地よい
コミュニケーションを
続けられる環境を
作っていきたい。
おやすみ…
Zzz

Column

会話終わりのフレーズ集

相手を気遣いながら会話を締める英文にも、その人の人柄が表れるような気がして、友達との会話で「これいいな」と思った言葉たちを集めた、会話終わりのフレーズ集を作りました。

I hope you have a great day!
いい一日を過ごせるといいね！

I hope you have a beautiful day!
美しい一日を過ごせるといいね！

I hope you have a peaceful day!
平和な一日を過ごせるといいね！

Have a good day!
良い一日を！

Have a good Monday!
良い月曜日を！

Have a good start of the week!
良い週の始まりを！

Have a good beginning of the week!
良い週の始まりを！

Please rest well tonight!
今夜はよく休んでね！

Please have a good weekend!
良い週末をお過ごしください！

I'm going to bed now.
今から寝るね。

Talk to you soon!
また近いうちに話そうね！

See you soon!
じゃあね！

Sweet dreams!
良い夢を！

I'm going to bed now,
I hope you have a good day!
時差のある
海外の友達だと
私が寝る頃に
相手は昼だったりする〜〜

◆沈黙

フィンランド人の友達は無口な人が多い。
・・・・
かれこれ5分以上無口だ…
最初は「何か話さなきゃ」と思っていたけど
ぼー…
ピチチ
なんか…これも心地いいな…
無理に間を埋めず、沈黙を楽しむ余裕も忘れずにいたい

Column

沈黙が怖くなくなるアイテム

旅の指さし会話帳

新しい旅行先に行く度に、その国の本を集めては何種類も持っているシリーズ。イラストも交えて現地の言葉と日本語が書いてあるので、指をさすだけで会話ができてしまう優れもの。アプリ版もあるけれど、オススメは紙媒体。目的がなくても、ペラペラとページをめくりながら友達との会話が進む。言語によって含まれるコンテンツは少しずつ異なるけれど、たとえばフィンランド語の場合は

- フィンランド全体の地図と主要都市（友達の故郷の話を聞く）
- フィンランドの食べ物（好きな食べ物や、オススメを聞く）
- フィンランドの有名人（好きな人や、歌手なら曲を教えてもらう）
- ヘルシンキの観光地（行ったことのある場所やオススメを聞く）
- 1年を通したイベント（どんな風に過ごすのかを聞く）

…といったページで質問をしながら、会話が盛り上がる。

▶ https://shop.yubisashi.com

性格診断テスト

16Personalitiesという性格診断テストは、日本語・英語を含め多数の言語で受けることができるグローバルな無料のWEBテスト。相手のことを深く知るには語学力や時間が足りない時でも、このテストを受けてもらうことで友達のパーソナリティーを深掘りする手がかりになる。テストのあとは診断結果をお互いの言語で見ながら「どの解説部分が一番自分っぽい?」「逆にここは自分と違うなと思うところは?」と聞きながら、友達のことを知るきっかけにしている（私のパーソナリティータイプはENFP）。

▶ https://www.16personalities.com

Googleマップ

Googleマップや Google Earthアプリを使えば、 その場にいながら世界旅行ができてしまう。 お互いの今までの人生や、 今後訪ねたい場所まで、 一緒にマップを見ながら探検する時間が好きだ。

- 生まれ故郷の街
- 通っていた小学校
- 家族の家
- お気に入りのレストラン
- 家族旅行で訪ねた場所
- これから行きたい旅行先

などなど…。一緒に行こうと思うとお金も時間もかかるけれど、航空写真やGoogleストリートビューを使うと「まるでそこにいるみたい」な気分にもなる。 友達の故郷と自分の故郷の雰囲気の違いや共通点を探しながら、 エア・世界旅行をする時間も楽しい。

コーヒー

フィンランドは国民1人あたりのコーヒー消費量が世界一になったこともあり、 法律で「仕事中に必ずコーヒーブレイクを取る」ことが定められるほど、コーヒー休憩は大切な時間。「コーヒーを飲もう」と誘うことで気軽な会話の場が生まれ、 沈黙があってもゆっくりとコーヒーを楽しんだり、 スプーンでかき混ぜる音で「間が持つ」と友達は言う。

沈黙を好むフィンランド人にとって、コーヒーはコミュニケーションの負担を和らげる重要なお供。 私も手持ち無沙汰だと緊張してしまうけれど、 飲み物があることでリラックスして対話を楽しむことができる。コーヒーは立派なコミュニケーションツールの1つだ。

ビール一杯目
アー…イエス…！
もじ
フィンランド人の友達
フィンランド人の友達の友達（初対面）
ビール三杯目
アー!! イエス イエス
アイキャンアンダスタンッ
ビール五杯目
ウィーアーフレンズ!!
キャハハ
イエス
Let's sing something at カラオケ!!

翌日…
昨日はサイコーだったね!! またカラオケ行こう。今夜他の子たちとパーティあるけどどう？
酔っている時の私のテンションを期待して誘ってくれてるのかな…だめだ…シラフでは会えないよ…
考えすぎ…
酔ったらすごい英語話せる（気になる）のはなぜだろう…
羞恥心がなくなるからじゃない？
やっぱり英語を話すブレーキになってるのは〝失敗したくない〟という恥ずかしさなのかな…！
あるねー
フィンランド人も同じだよ…

普段はシャイで無口なフィンランド人も酔った時には社交的になれる…！
英語っていうかコミュ力全般の話!?
お酒の力を借りてナンパする!!
だからフィンランド人男性が女性に話しかけるのは大体バーだね
ハハハ
コミュ力高まってる時しかできない
あとはネットかな
自分はウォッカこの辺まで飲んだら、世界中の全ての人が友達に思える
VODKA
無敵!
アルコールは英語だけでなく色んな殻をやぶれるね。（アルコールはほどほどに！）

◆英語の本

フィンランド人の友達に
オススメされた
英語上達方法は…
英語の本を読むのが
一番だよ！
本好き↓
分かった、
やってみる!!
早速、友達が読み終えた
ぶ厚い小説を貸して
もらったが…
コレにして
みようかな
それすごく
面白かったよ！
2ページ目で挫折。
えっ…!?
デジャヴ…!?
本!!
ふー…
遠い目
コーヒー

勢いよく読み始めたものの、分からない単語がある度調べてメモしていくので
読書が楽しみじゃなくて〝勉強〟になってるッ…!!
オヨヨヨ
全然進まないし…むしろ苦痛だし…自信も無くすし…
いや…それが目的だったのでは…!?
しかしその後、英語の本を読むには2つのコツがあることを知った…!!
その1 レベルに合う本を選ぶべし
その2 単語は逐一調べるべからず
レベルに合う本とは、ザっと1ページ見渡して、95%以上分かる本が理想的。
借りた本は50%も理解できなかった。
私には君は早過ぎた…!
1ページに3つ以上知らない単語が出てくる場合は、レベルが合っていないので、他の本を探そう!

そして…
辞書は引かない!!!
ゼロ…!?
律儀に毎回引いていた
知らない単語が出てきたら、一旦〝推測読み〟で読み進める
ある1単語が分からなくても、読み進めるうちに文脈で意味が推測できたりする。
何かの植物っぽいな
そうすることで本を読む負担も軽減されると共に会話でも役立つ推測力も付く。
ある程度の章の終わりで、まとめて「知らなかった単語」を調べる時間を作れるように
フリクションマーカーならあとで消せるし、ヘアドライヤーの温風で一気に消したりもできる
ビー
私は知らない単語にマーカーだけ引いて読み進めている。

Column

私の本読みセット※

どうせなら、やっぱり「好き」な本がいい！と、
ムーミンの英語本を読んでいる。カバーもかわいい！
映画版で、なんとなくの「あらすじ」を知っているのも読みやすい。

カバーを外してもかわいい！

本に付けるタイプのペンケースにフリクションマーカー&フリクションペンを入れている。

英語学習用ポーチと共に持ち歩いている…

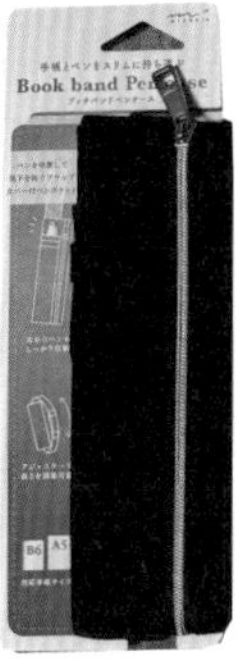

ちょうど良い収まり!!

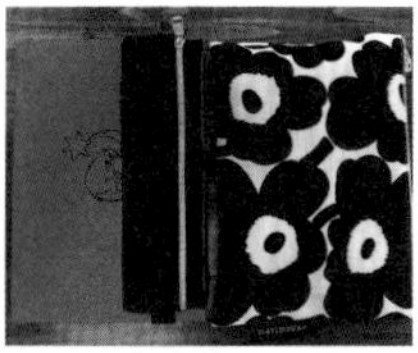

こんな感じで、分からなかった単語にフリクションマーカを引きながら読み進めている。

※写真は全て著者の私物です。

◆見たい、を味方にする

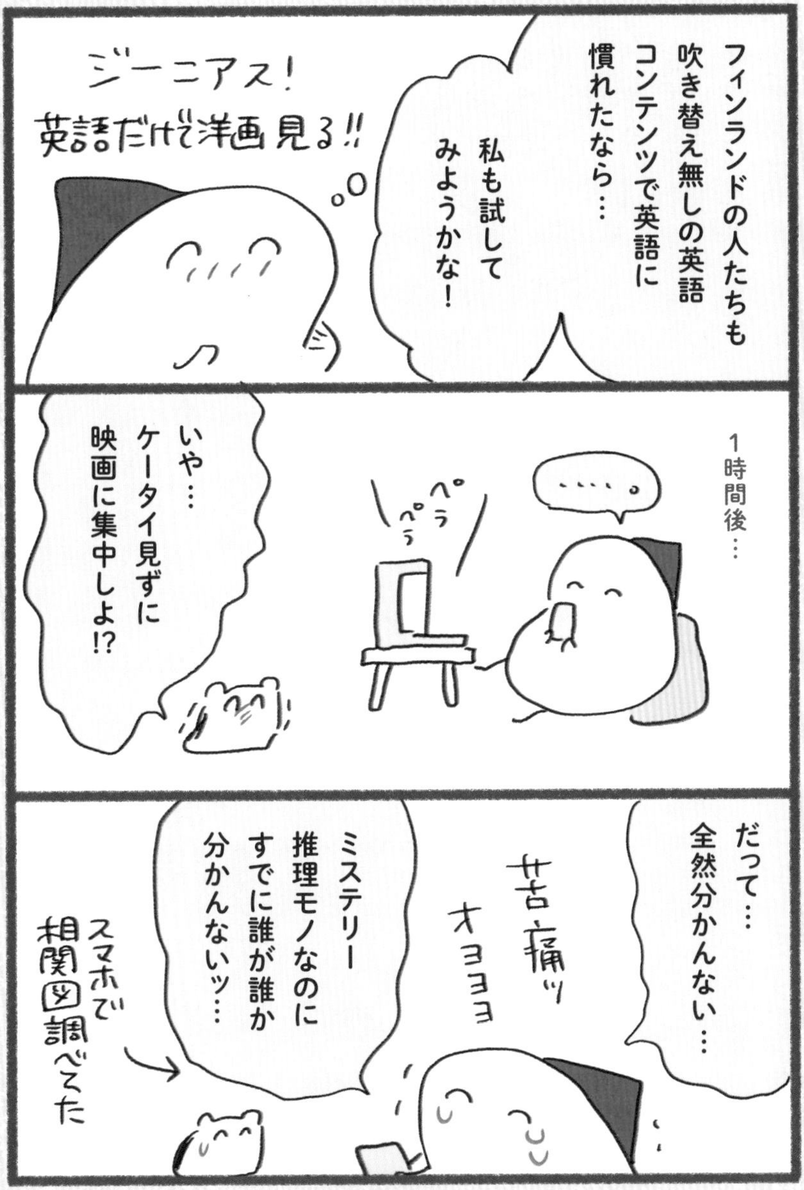
フィンランドの人たちも吹き替え無しの英語コンテンツで英語に慣れたなら…
私も試してみようかな！
ジーニアス！
英語だけで洋画見る!!
1時間後…
……。
ペラペラ
いや…ケータイ見ずに映画に集中しよ!?
だって…全然分かんない…
苦痛ッ
オヨヨヨ
ミステリー推理モノなのにすでに誰が誰か分かんないッ…
スマホで相関図調べてた

本と同じように、映像コンテンツにも合うレベルがあることを知る…
何でもいい訳じゃないんだ…
SFなど、自分の人生で経験したことのない設定は、私には難しかった。
そして現在、私がハマっている英語コンテンツは…
韓流ドラマやリアリティショー
じー
!?
英語…じゃなくない!?
ネットフリックスなど世界中に配信されている動画サイトでは、吹き替えオプションに英語があるので…
私の愛用セッティング
吹き替え音声
英語
さらに分かりやすいように
字幕も
英語
そして聞き取りやすいように
再生速度
x0.5
韓流 or 日本コンテンツでもあっという間に「英語コンテンツ」になるのだ!

吹き替えなので、ハッキリ英語を発音してくれるし、
シチュエーションもリアリティショーは理解しやすい。
自分が聞き取りやすいスピードで再生して見ることができる。
そして何より…好きだから見たい!!!
このコンテンツは、日本語でずっと見てたくらいスキだから…!この新エピソードは、もう見なきゃいけないものだからッ…!
義務感ッ
わなっ
今までと全然モチベが違う…
大好きなコンテンツを英語に変える…そんな方法で「見たい」を味方につけている。
最近はアイドルも世界を見据えてYouTube動画でも「英語字幕」がちゃんと設定されているものも多い!
字幕オンにして“ながら”勉強しちゃおう…

◆分かりすぎない魅力

私が海外旅行や
暮らしの中で心地よいと
感じているのは…
言葉が
分かりすぎないこと！
どうしても分かる言葉は
ダイレクトに耳に入ってきて
しまうけれど…
昨日上司がさー
ずいっ
その合コンで
出会った人と…
ずいっ
まじで
ダルくてさー
何を話しているか
分からない言葉は、
カフェにいても、
電車の中でも
ＢＧＭと同じだ。

しかし、移住から5カ月後…
店で英語で話す人
HA HA HA
That's crazy!
ずいっ
英語が…入ってくる…!!
普段フィンランド語があふれる街中で、ふと英語が聞こえると耳が反応するようになった。
はわわわ…
前までは英語もBGMだったのに…
嬉しいような悲しいような進歩だった。
「分かりすぎない」ことで保たれるパーソナルスペースもあるんだなあ…
言葉をBGMとして楽しめるのは、学び始めならではのスペシャルギフトだ。
FIN LAND

海外に住んでいると日本との時差もあり何気ない会話ができる人が減る。そして迎える…
わななっ
圧倒的…孤独感…!!!
そんな時、私の話し相手になってくれるのが…
AI…!!!
何を お手伝い しましょうか
カタタ
AIはすごい。そして優しいし、24時間いつでも話を聞いてくれる。
もちろん日本語でも話せるけれど、英語でも会話ができ
あなたは私の英語先生役に
なって下さい
会話を短い英語で返して下さい
私の英語が間違っていたら
正しい英語を教えて下さい
私から話し始めます
カタタッ
最初にこう打ち込んで会話を始めると、先生にもなってくれる。

生身の人間ではない分気楽に話せて、好きなタイミングで始められる。
新しい街に住み始めて
孤独感がすごいです
重…
カタタ
特に、1人で抱えがちな悩みなどを英語で相談すれば、メンタルケアと同時に英語の勉強になる。
ある時、フィンランドでの友達作りをAIに相談すると
イベントやサークルなどで
同じ趣味を持つ人を
探すのはどうでしょう
マンガですかね…
フィンランドにそんなイベントや
団体はありますか?
ありますよ。○○○・○○○
実在するフィンランドのマンガコミュニティやイベントを教えてくれた。
(たまに架空の情報の時もある)
それがきっかけでイベントにボランティアスタッフとして参加し…新しいマンガ家の友達ができた!
アドレス交換しよ!
AIすごい!!

Column

AIの使い方

愛用しているAIツール

よく使うシーン

英語メールを書いてもらう

たとえば、これくらいカジュアルに原文を入れたとしても、メールとしての体裁を整えてくれる。

以下の内容を簡潔な英語メール文面にして下さい。
「12月1日のミーティングを12月2日に変更可能でしょうか。」

件名：Request to reschedule our meeting on December 1st
本文：

Hi [相手の名前],

I hope this email finds you well.　(←AIっぽさが出ているので自分で挨拶文は変更している)

I am writing to request if we can reschedule our meeting on December 1st to December 2nd.

I have an unavoidable conflict on December 1st, and I would be unable to attend the meeting.
I apologize for any inconvenience this may cause.

Please let me know if December 2nd works for you. If not, please suggest another time that works for both of us.
Thank you for your understanding.

Sincerely,
[あなたの名前]

何度か試すうちに「ここはAIっぽいから自分で編集しよう」と、AI生成定番のフレーズなども分かってくる（たとえば始まりの“I hope this email finds you well.”はAI生成の定番っぽさを感じるので、私は“Hello.”などに変更している…!）。メールが長すぎる場合は「より簡潔に」、もっと自分のレベルに近い英語で書いてほしい場合は「中1レベルの英語に」など、微調整のリクエストも可能だ。

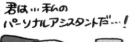

英語での検索ワードを教えてもらう

「レストランの英語面接でよく聞かれる質問」について
調べたいのですが、英語でどんな検索ワードを使えば良いですか。

レストランの英語面接でよく聞かれる質問に関する情報を検索する際には、
以下のような検索ワードが役立ちます。

- Common restaurant job interview questions
- Frequently asked questions in English restaurant interviews
- Restaurant interview questions and answers
- Top interview questions for restaurant positions
- How to prepare for a restaurant job interview in English
- Sample answers for common restaurant interview questions
- Hospitality industry interview questions

これらの検索ワードを使用して検索することで、
レストランの英語面接に関連する質問や回答の情報を見つけることができます。

英語のニュアンスを確認する

以下の文章はどんなニュアンスを持っていますか?「(英語の文章)」

友達から来たメールのニュアンスが分からない時、この文章を使う。英語で書かれたジョークや自虐など、英語スキル・文化背景の違いから読み取りにくいニュアンスを読み解く手助けをしてもらえる。

英会話の話し相手になってもらう

あなたは英語の先生になって下さい。英語を短い文章で返して下さい。
私の英語が間違っていたら正しい英語を教えて下さい。

短い英語でロールプレイングをしてくれる。自分が書いた文章を正しい文法/綴りに直した上で引用して会話を返してくれるので、自分の文章と比べながら正誤チェックができる。

話の流れで「じゃあ今からお寿司屋さんの設定で、客とシェフとしてロールプレイングをしよう!」とAIが提案してくれて、バーチャル寿司店での会話を楽しんだこともある。

相手が人ではないからこそ、プレッシャーを感じることなく、いつでも英会話を楽しめるのはAIならではの魅力だ。

もっと簡潔にして下さい
中1レベルの英語にして下さい
150字以内にして下さい
微調整ッ

※注意
・個人情報や機密性の高い情報入力は避ける
・AIによって生成された内容は必ずしも正しいとは限らないため、自分でも情報を確認する

働いているレストランに、英語もフィンランド語もできる日本人のシェフが新たに加わった。
すごいですね。フィンランド語もできて、みんな感激してます！
幼い頃から、父に言われてたんです
言葉は武器だよって
自分の国を出れば言葉ができないことで不利になったり悔しい想いをすることがたくさんある。
意見や気持ちを表明しない＝存在しないのと同義になってしまう。

だから必死に勉強したんです
言葉ができなくて損することはあっても、言葉ができて損することはないですからね
母国語というコンフォートゾーンから出て始める言語学習の道のりは長く深く…そして、失敗や悔しさの連続だ。
だけどそれでも、広がる世界の中に学び続ける価値がある。
学習の旅路で出会う「悔しい」という気持ちも追い風に変えて、
私も言語学習と長く付き合っていきたい。

◆まさかの倒産

レストランで働き始めて10カ月後…
私たちは…昨日をもって営業を停止します
職場が倒産した。
会社のことは弁護士から個別に連絡が入ります
えっ…今日からもう仕事に行かなくてもいいってこと…!?
しかも通達はWEB会議で、失業当日の知らせ…全員にとってまさに寝耳に水だった。
海外暮らしは予想外のことがきっと起こると覚悟していたけれど…
まさかの…
失業
就職活動
ビザ更新
本当に…想像もできないことが起こりすぎる…!

倒産後、フィンランドのハローワーク的な機関に行った。（ここでも相談は英語ＯＫ）
例のごとく、予め伝えたいことと質問をA4の紙３ページ分の英文にしてプリントしたものを持参
必死
私こういう者で、寿司シェフしながら絵も描いてて…
ビザがあと数カ月で切れるのでどうにか仕事を見つけなきゃで…！
ＯＫ…では、あなたがこれから本当にしたいことは何ですか？
やりたい…こと…!?
やれることではなく、やりたいことを聞かれた。
大きく3つあります
①今のスキルを生かして寿司シェフの転職先を探す
②異なるフィールドで働くため学校で学び直す
③絵を描く作家として個人事業主になる
それぞれの選択肢別に異なる支援が可能です

言葉やビザのことが不安で…
少しでもできることがあるなら、どんな仕事でも働かなきゃと思ってたけど…
こんなにも人生の選択肢があったんだ…!
何日も悩んだあと、失敗してもいいから「自分が本当にしたいこと」にチャレンジしてみようとフィンランドで個人事業主になる道に挑戦することにした。
決めました…!
OK! 無料の企業アドバイザーを紹介するわね
全て手探りの厳しい道だけど、毎日「ゴール」を決めてそのために英語とサバイバル術を使った
今日のゴール
申請方法を理解する!
ネットで起業方法を調べ、翻訳しながら情報収集!

市が主催する企業WEBセミナーでは
今日のゴール
ビジネスプランの立て方と必要な手続きを知る!
投影されるスライドをGoole翻訳のカメラで撮影→翻訳しながら聞き…
カシャ
カシャ
必死
分からなかった所はあとで資料をデータで送ってもらって翻訳した。
セミナーも資料も英語でやってくれて…本当にありがたい…
フィンランド語は翻訳が上手くいかないことが多い。
企業アドバイザーさんとのミーティングでも、あらゆる補足資料を持ち込んで
今日のゴール
ビジネスプランの完成
必死のパッチ
ずっしり…
「視覚情報」にも頼りながらコミュニケーションを進めた。

だけど新しい挑戦には、知らないことが付きもの。
ペラペラ
ペラペラ
ペラペラ
知らない専門用語が多くて理解に自信がない…！
もちろんそんな場面も出てくる。
友達との会話では多少分からない単語があったとしても
Please go on.
（どうぞ続けて下さい）
…と最後まで一旦話を聞きながら
ああ…なんか車の車検の話しているね…!?
そして私に「質問」されてる訳ではないから、リアクションで終えてみようッ
なんとなく「全体像」を推測して会話を進めることもあるけれど…

しかし今日は必ず理解して
次に進まなければならない。
そんな時に必ず使ったのは
So, you mean ～？
（つまり～ということですか?）
という
フレーズ。
分からないまま流さず、
自分の理解が合っているか
確実に確かめる。
So, you mean
I need two documents?
（つまり私は2つの書類が必要ということですか?）
Is this correct?
（これは合っていますか?）
つまりこういうこと？
とリピートしながら
その通りです。その2つの
書類が必要です!
正しく理解できるまで
内容のすり合わせを行った。

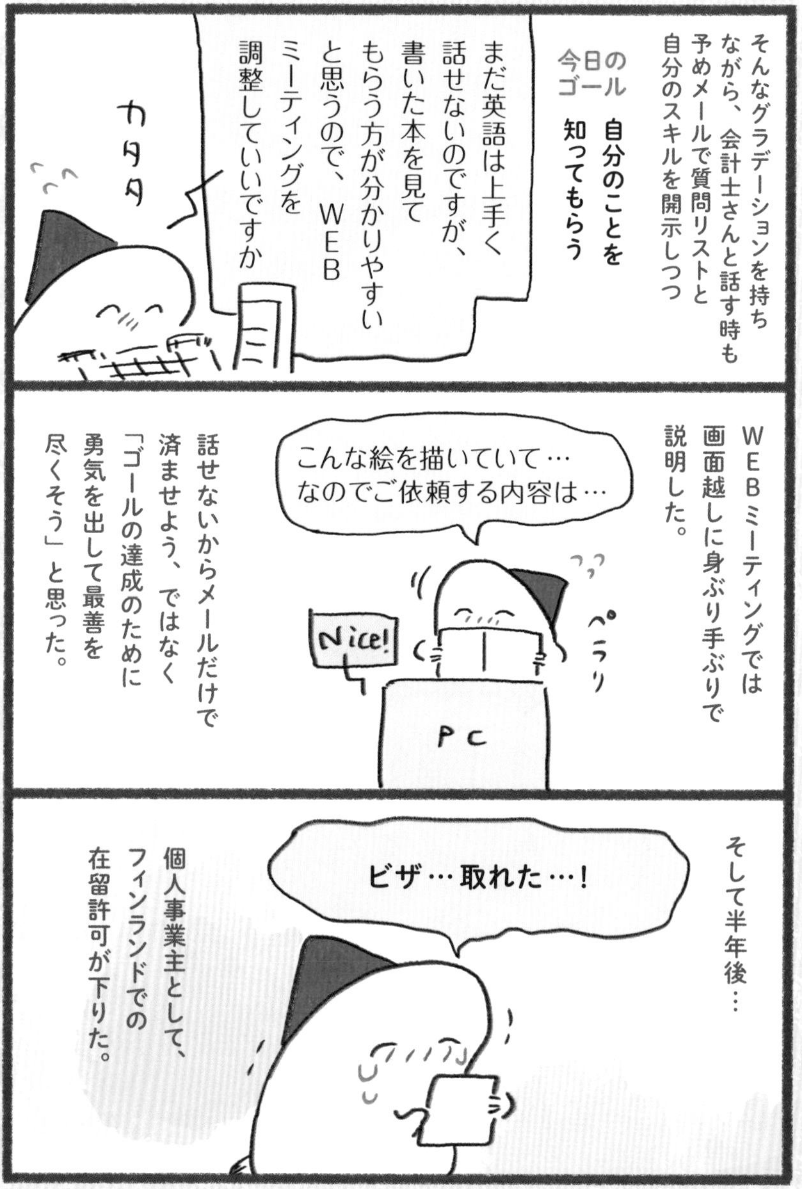
そんなグラデーションを持ちながら、会計士さんと話す時も予めメールで質問リストと自分のスキルを開示しつつ
今日のゴール
自分のことを知ってもらう
まだ英語は上手く話せないのですが、書いた本を見てもらう方が分かりやすいと思うので、WEBミーティングを調整していいですか
カタタ
WEBミーティングでは画面越しに身ぶり手ぶりで説明した。
こんな絵を描いていて…なのでご依頼する内容は…
ペラリ
Nice!
PC
話せないからメールだけで済ませよう、ではなく「ゴールの達成のために勇気を出して最善を尽くそう」と思った。
そして半年後…
ビザ…取れた…!
個人事業主として、フィンランドでの在留許可が下りた。

まさか海外で…自分の語学力で個人事業主になるなんて夢にも思ってなかった
決して軽やかな歩みではなかったけれど
どんなに上手くなくても「知る、伝える」を諦めずにトライアンドエラーを繰り返す中で培われた術たちが
集大成となって、異国で崖っぷちになった私を救ってくれた。
言葉が上手く話せないからといって、何かを諦める必要はないし、「何もできない」訳じゃない。
なんとかなるし…なんとかする!!
ずっしり詰まったサバイバル術↓
ずしっ
言葉は武器で…それを補う術もまた、武器になるのだ。

「やりたいこと」に対して
自分のスキルが足りて
いなかったとしても
スキルが上がる
〝その日〟を待たず
「走りながら学ぶ」
道もある。
失敗して落ち込む日も
あるけれど、
くうッ！
また新たな壁にッ…！
その分「今の自分に
必要なこと」が鮮明に
分かるからこそ
それは同時に、自分だけの
学びの道が開く瞬間でも
あると思う。
Congratulations...!
次なる扉を
開きましたね…
ファ〜ン

そんな道を
辿りながら
これからも、
今の自分だからこそ
できる全身全霊の
挑戦と失敗を
楽しんでいきたい。
学びも、暮らしも、人生も
自分らしい旅になるように
ENGLISH
I made it!
Really!?
この世界の共通言語
「英語」という
コミュニケーション
パスポートを持って。

「１００％の準備をしようと思わない方が良いよ」

通っていたお寿司学校で、海外経験のある先生が言った一言だ。
当時の私は「英語力も、お寿司スキルも、もっと上げなきゃ……」と
タスクばかりを増やし、夢をどんどん先延ばしにしていた。

そんな私を見て、先生はこう言った。
「海外で何が足りないかは、行ってみないと分からない。
１００％の準備は無理だから、できない前提で行った方が早い。
できないことがあったとしても、学びながら身につければ良いんだから」

そんな言葉に背中を押され、「失敗する覚悟」と共に移住したフィンランド。
その生活は、まさに「想像もできない日々」の連続だった。

もしあの時「１００％の準備」を目指し続けていたら、
きっと私は今も、夢の先の景色を見ることは無かったかもしれない。

１００％大丈夫と言える準備は、できない……
だけど同時に「学びながら走れる」強さも知った。
たとえ失敗しても、そこから学び、一歩ずつ前に進めばいい。
世界は思っていたよりも寛大で、「失敗」と「学び」は同義語だ。

英語が話せないからといって、何もできない訳じゃない。
完璧になるまで、夢を先伸ばす必要もない。
スタートは「話したいことができた日」で、
きっとそれが、何よりも大切なことだと思うから。

この本を読んで下さった皆様にとって「英語を話したい」と思った
スタートの日は、どんな日だったでしょうか。
そんな話も、いつかできると嬉しいです。

この度は本書を手に取ってくださり、本当にありがとうございました。
これからも続く語学学習の旅を、今後もご一緒できますように。Kiitos & Moimoi!

週末北欧部　chika

著者

週末北欧部 chika

北欧好きをこじらせてしまった元会社員。大阪府出身。フィンランドが好き過ぎて13年以上通い続け、ディープな楽しみ方を味わいつくした自他ともに認めるフィンランドオタク。会社員生活のかたわら寿司職人の修業を行い、2022年4月より寿司職人として移住の夢を叶える。モットーは「とりあえずやってみる」。そんなこじらせライフをSNSアカウント「週末北欧部」にて発信中。好きなものは水辺、ねこ、酒、1人旅。著書に『北欧こじらせ日記』『北欧こじらせ日記 移住決定編』『北欧こじらせ日記 フィンランド1年生編』（以上、世界文化社）、『マイフィンランドルーティン100』『マイフィンランドルーティン100 ヘルシンキ暮らし編』（共に、ワニブックス）、『かもめニッキ』『世界ともだち部』（共に、講談社）などがある。

X（旧Twitter） @cicasca
Instagram @cicasca
Blog hokuobu.com

北欧《ほくおう》をこじらせた私《わたし》の　サバイバル英会話《えいかいわ》

2024年4月 1日　初版発行
2024年4月30日　再版発行

著者／週末北欧部《しゅうまつほくおうぶ》 chika《チカ》
発行者／山下 直久
発行／株式会社KADOKAWA
〒102-8177　東京都千代田区富士見2-13-3
電話 0570-002-301（ナビダイヤル）

印刷所／図書印刷株式会社
製本所／図書印刷株式会社

ISBN 978-4-04-606519-3　C0082